なぜ老人を介護するのか

大岡頼光

keiso shobo

序　問題設定と構成

ある経験──祖母の介護と死

本研究のきっかけは祖母の死であった。

一九九四年の初夏、母は体の弱った祖母（父の母）を自宅に迎え、介護をはじめた。結局、その秋に祖母は亡くなった。最期まで主に母が世話をしていたようだ。私自身は大阪大学の大学院に入ったばかりで、広島の郷里を離れ大阪で暮らしていた。

私の郷里は広島県の呉に近い人口約一万人の町で、やはり嫁が面倒を見るものだという考えが当時はまだ強かった。祖母の葬儀の時にお悔やみを言いに来た近所の方が母に「よう世話しんさったねえ」といってくれたのを覚えている。このように周りの人も祖母を最期まで介護した母をほめた。家でやるのが当然だという意識が強烈に残っていたのである。祖母が生前の夏に私が帰省したときにも、母に社会福祉協議会から介護用のベッドを借りたらどうかという話が来たようだが、母や父はそれを借りることすらためらっていた。

それに対して、スウェーデンという国は、老人の介護を家族ではなくできるだけ社会や国家が担おうという方向に進んだということを私は思いだし、なぜそんなことができたのか、と疑問を持った。スウェーデンの人々は老いた親は子どもである自分たちが介護すべきだと感じたことはなかったのか。もし感じていたとすれば、どうやってその義務感から抜け出していったのだろうか。これらの疑問から私はスウェーデンの老人福祉の研究に向かうことになる。そのさい、老人福祉という制度だけの研究でなく、制度の背景にあるスウェーデンの人々の思い、意識はいったいどういうものなのかをとらえたいと考えた。

そのころ読んだスウェーデンに関する本では、家族ではなくホームヘルパーや施設による介護を老人自身も望んでおり、その方が家族にも望ましいし、日本も見習うべきだといった主張がされていた。理念としてはそちらが望ましいだろうと、大学院で福祉国家の研究を始めたばかりの私は考えていた。しかし、夏の帰省の間、家族や親族に囲まれながら死へむかいつつあった祖母の介護で感じたのは、そのような理念だけをとなえる空々しさであった。そこには、そのような理念だけでは語りきれない何かがあった。

問題設定と構成

このような経験から私が本書でたてた原問題は、「なぜ日本のわれわれの多くは家族が老人を介護しなければならないと感じてきたのか」ということだ。これが本書すべてを貫く問題意識だが、本書はこの問題を三つの問いに分けて論じる。

第一は、老人の床を囲んでいる家族は社会や国家に対してなにを期待でき要求できるのかという、公的な老人介護の根拠の問いである。親は自分で介護すべきだという意識を、どういう論理で越えていくことができるのか。

第二は、かつて〈家〉で老人を介護していたスウェーデンの人びとが、社会や国家に老人介護を要求できると考えるようになった奥底にはどのような論理や感情があるのかという、スウェーデンの〈家〉への問いである。

第三は、家族が老人を介護するしかないという規範や感情はどのような死生観と結びついているのか、それはどうしたら変わりうるのかという、介護と死生観の問いである。

この三つの問いは、本書の三部構成にほぼ対応している。

第I部では、老人の床を囲む家族は、国家や社会にどのようにして公的な介護を要求できるのかを考えたい。死へと向かいつつある老人への介護サービスを、税金や保険料等で国家や社会が公的にすべきだと家族がいいうる論理を追究する。

国家や社会に公的な福祉サービスを要求するとき、老人介護は児童福祉とは理屈が違う。スウェーデンで老人福祉や児童福祉が発達したのは、女性の労働力を確保するためだった。戦後の好景気による労働力不足に対応するため、女性が外に働きに出られるよう、老人福祉や児童福祉をスウェーデンは整備した。これを一般化すると、福祉の整備は労働力の確保のためだという論理が出てくる。たしかに児童福祉は将来の労働力を確保するためだろう。

しかし、労働力の確保というだけでは、すべての老人の介護をすべきだということはできない。独居老人を介護しても、その家から労働力は生み出されないからだ。その独居老人もスウェーデンは公的に介護した。独居老人も介護しなければいけないとしたスウェーデンでの論理は何だったのか。それをオランダとの比較のなかで考えてみたい（第一章）。

次に、スウェーデンという歴史的な実例を離れて、なぜ公的に老人を介護しなければならないのかを、理論的に考えるという作業をしたい。結論だけいえば、労働力を生み出せない老人介護の根拠は、すべての老人の人格自体が「聖なるもの」だという人格崇拝の論理によるしかないことを示したい（第二章）。

第Ⅰ部では、なぜ公的に老人を介護するのかという論理を追究し、最終的には人格崇拝の論理しかないことをいう。

だが、論理を作り出すだけでは足りないだろう。論理さえ作り出せば、その論理をわれわれがすんなり受け入れるわけではない。論理を作り出すことと、その論理をわれわれが受け入れやすいかどうかは別の問題だ。それが祖母の介護と死の際に感じたことであった。家族を越える公的な介護の論理があったとしても、それをわれわれが受け入れることは容易ではない。

老人の公的な介護を充実し浸透させるためには、公的サービスが家の中に入り込むことを拒否するわれわれの「家の境界」の意識が障害になるのではないかと私は考えている。

ここでいう「家の境界」の意識は日本に強く見られるものをさす。[(1)] つまり、「本来、介護は身内の者がすべきものだ。福祉のお世話になるべきではない。身内の介護の手助けを他人（社会や国家）に要求することは本来すべきではない」という意識である。このような意識は現代日本に依然として残っている。[(2)]

たとえば介護苦殺人といわれる事件もそれを示す。障害者である子を世話してきた親が年老い、「自分が死んだら誰もこの子の面倒をみてくれないだろう」と思いつめ、わが子を殺したうえで自分も自殺するといった事件はたびたび新聞で報じられてきた。[(3)] 阪神・淡路大震災の後にも、老父の介護のために仕事を辞め精神的な疲れから父親を殺してしまった男性がいた。彼は「父親の介護は身内の自分がやるしかない」と思いこんでいただろう。自分の父親を殺してしまった彼は、国家や社会に公的な介護サービスを要求できるとは夢にも思わなかったはずである。

このように家の中から外に対して公的な福祉サービスを要求することはできない、したくないという意識が「家の境界」の意識である。

たとえ公的に老人を介護すべきだという論理を作り上げても、このような「家の境界」の意識が日本に残り続ける限り、その論理は日本に根付くことはないだろうし、老人の公的な介護をできるだけ充実させるスウェーデンのような福祉国家には日本はなりにくいだろう。

公的に老人を介護するための論理は、どうすれば日本に根付くことができるのだろうか。

それを考えるためには、日本というわれわれの社会の土壌の特質を明らかにする必要がある。そのため、第II部以降では、日本と比較するために、公的な老人介護の論理が根付いてきたスウェーデン社会の土壌はどのようなものだったのかを、まず分析する。そのうえで、日本の土壌にも改良すれば論理の根付けを手助けする要素があるのかどうかを考えてみたい。

第II部では、公的な老人介護を徹底して充実させてきたスウェーデン社会の土壌を分析する。もともとスウェーデンには日本にも似た〈家〉があった。人類学の知見によれば、二〇世紀はじめまで老人と子の間には同居や扶養の規範があったのである。

一見日本にも似た〈家〉で老人のお世話をするという慣習が見られたのに、なぜスウェーデンでは公的な老人介護サービスを充実させることができたのか。その疑問にスウェーデンの〈家〉には開放性があったことを明らかにすることでこたえてみたい（第三章）。

また、スウェーデンでは福祉国家のスローガンとして「国民の家」ということばが用いられたが、それは、どういう〈家〉のイメージにもとづいていたのだろうか。第I部では労働力を生み出せない独居老人を公的に介護するには最終的には人格崇拝の論理しかないことをいったが、「国民の家」と人格崇拝はどのようにして結びつくことができたのかを考えてみたい（第四章）。

そして、第III部では、人格崇拝という公的な老人介護の論理を受け入れる宗教的契機や象徴を、日本やスウェーデンに探ってみたい。

まず、人格崇拝をささえる契機を日本に求めるため、日本の伝統的世界観の可能性を検討する。自分と縁のある老人だけが尊いというのが現代日本の一般的な考え方だろう。これに対し、人格崇拝は自分と縁がなくてもすべての老人が尊いのだとする。少子化と未婚化がすすむ日本では、介護する家族のいない無縁の老人が増えていく。今後は無縁の人も尊いという人格崇拝のような考えが必要になるはずだ。縁のある老人だけを尊ぶ個別主義を突破して、すべての老人を尊ぶ普遍主義へといたることが求められる(4)。それに近い考えは、伝統的世界観の中にはなかったのだろうか。

このような視点から日本の伝統的世界観を検討し、「生まれかわり」などの考えの中に、血縁を超える普遍主義への可能性があることを示したい(第五章)。

つぎに、スウェーデンの共同墓が「家の境界」の突破を象徴するものかどうかを検討する。共同墓は、公的な老人介護を充実したスウェーデンで普及している。共同墓は公園の芝生のようなもので、そこには遺灰の場所をしめす墓石も墓標もない。遺族は遺灰の芝生への散布や埋葬にも立ち会えず、故人の遺灰の場所を知ることもできない。共同墓のどこに故人がいるのか分からず、遺族は形の上では、縁のある故人だけにではなく共同墓全体にむかって祈りを捧げるのである。

このような共同墓は、介護は身内の者がすべきだという日本の閉鎖的な「家の境界」を象徴する家族墓とは対極にあるだろう。家族墓では、自分の家に縁のある死者のみが尊いとされ、家に縁のない外部の者は受け入れられない。

それに対し、共同墓は死者と生者との縁を絶ち切り、すべての死者をいわば「無縁」な存在とするもののように見える。つまり、すべての死者は「無縁」であり、個人を、縁者がいる人と縁者がいない人に分ける必要はない。縁者がいる人も実は「無縁」な存在であり、家族という縁者に依存すべきではない。死後は縁の有無にこだわらず、まとめて公共的な祀りを受ければよい。

このような「無縁」の考えがスウェーデンの共同墓にはあるのではないか。この「無縁」の考えは、縁のあるものだけを尊ぶ個別主義を突破し、縁の有無にこだわらずすべての死者を尊ぶ普遍主義につうじるのではないか。

また、このような普遍主義的な「無縁」の観念があってはじめて「家の境界」が突破でき、縁の有無にこだわらないスウェーデンのような個人を単位とする公共的な福祉サービスを作り出すことができるのではないか。

このような視点から、日本やスウェーデンの先行研究を分析し、調査を試みた（第六章）。最後に、本書で明らかにできたことをまとめ、今後の研究の方向を述べる。縁にこだわる個別主義を踏まえながら、いかに普遍主義へ近づきうるかという問題を考えたい（終章）。

注

（1）第一章では福祉が行われる場を内と外に分ける境界を一般的に〈家の境界〉とよぶことになる。

（2）一九九八年に長野県松本市で藤崎宏子が行ったインタビュー調査でも、家族が介護を囲い込む傾向が残っていることが指摘されている（藤崎 2000）。

（3）ここでの介護苦殺人は親子心中にあたる。民俗学者の岩本通弥によれば、親子心中は大正末期以降に激増した現象で、捨て子の減少と逆相関していた。背景には丁稚などの住み込み奉公人の減少があった。子を捨ててもどこかの家が丁稚として引き取ってくれる見込みがなくなり捨て子が忌避されるようになった。それとともに、血縁幻想が強まって家が外部に対して閉じられるようになり親子心中は激増した（岩本 1989）。

（4）個別主義と普遍主義という軸を指摘したT・パーソンズは、「汝の父と母を敬え」という義務は個別主義的であり、子供にとって自らの個別の両親に関するものだとした。他方、「誰の両親であるにかかわらず、まさに親としての性質のために両親に尊敬の念を払え」という規則なら普遍主義的である。個別主義と普遍主義の違いは、自我と個別主義的関係にある客体（自分の親）と、それと同一の属性を有する他の客体（他人の親）とを分けへだてするか、しないか、ということだ。分けへだてするなら普遍主義的規範にはなりえない。「親を敬え」という規範が普遍主義的であるなら、親という属性を有する客体の全て（全ての親）に等しくそれは適用される（Parsons 1951：62-3/68-9）。

なぜ老人を介護するのか
スウェーデンと日本の家と死生観

／目次

序　問題設定と構成

第Ⅰ部　老人介護の根拠

第III部 日本とスウェーデンの死と生

凡　例

1　以下の文献表記ではスラッシュ（/）の前が原書の、後が訳書のページである（例　Parsons 1951：62-3/68-9）。なお、スラッシュ（/）の後の訳書は邦訳でなく、英訳を表す場合もある。

2　発行年は原著のもののみ記した。ただし Weber［1921-2］1972 など訳本が多数存在する場合は、訳者名や邦訳の出版年を記した場合がある。

3　訳文は原書にもとづき変更している場合がある。

4　邦訳のみを参照した場合は（著者名　発行年：訳○○）と記した。ここでの発行年も原著のもののみ記した。

5　原書が出版物としては存在しない場合や日本語版が独自の編集である場合、日本語の著者名等を記載した（例　ラスレット 1992、オッフェ 1988）。

6　同一文献から続けて引用や要約を行った場合、基本的にページ数のみを掲げた。ただし、途中に注が挿入されるなど、他の文献と混同されるおそれがあるときは再び（著者名　発行年）を記した。

第Ⅰ部　老人介護の根拠

第一章　老人介護の根拠の児童福祉との違い

1　〈家の境界〉

本章では、ある社会の中で福祉を成り立たせ、人びとに受け入れられている論理は何か、という福祉一般の見取り図を描くための作業をする。

福祉が行われる場には、どこまでの人が福祉の対象者や行為者として含まれるべきかという境界に関するルールがある。ここで福祉というのは、国家や民間ボランティア団体などが行う公共的な福祉だけでなく、家族の中での介護・育児等も含んでいる。

これらの福祉が行われる場を内と外に分ける境界を〈家の境界〉とよぼう。このことばで福祉という場の境界がもっている歴史性と論理性を表したい。〈家の境界〉は、家族による福祉の面でその場にいるべき人（ウチの者）と外にいるべき人との境界を意味するだけではなく、公共的な主体による福祉の面でもその場にいるべき人と外にいるべき人との境界を意味する。〈家の境界〉の中で福祉の行為者になりうるのは、家族、企業、民間ボランティア、国家などである。いいかえれば、ウチの者を作り出す〈家の境界〉の〈家〉は家族から国家まで拡大されうる。例えばのちにみるように、スウェーデンの〈家の境界〉は家族から福祉国家としての「国民の家」にまで拡大されている。また、〈家の境界〉の中での福祉の対象者となり得る者の範囲は、〈家の境界〉に働く論理の違いにより異なってくる。

このような〈家の境界〉の論理がどのようにして作り出され、老人福祉・障害者福祉・児童福祉等の福祉の場をいかに設定しているのかという問題群の広がりは大きい。

本章はこれらの福祉のうち国家が担う「公的な」福祉に主に焦点を当て、公的な老人福祉や児童福祉の整備が要請されるのはなぜかという原理論的問題を、スウェーデンとオランダの比較を素材として考察する。(1) 老人福祉の論理は児童福祉の論理とは異なることを論証し、それらがどのような〈家の境界〉の論理であるかを明らかにしたい。

スウェーデンで公的な老人福祉や児童保育等の対人社会サービスが発展してきたのは、女性労働力の確保のためだったとよく説明される（広井1996：195-8など）。高齢化が進むと労働力が不足する。経済成長を維持するには今まで以上に女性に働いてもらわねばならない。スウェーデンはこのような状況下で女性の社会進出を促すために、老人福祉や保育等の社会的システムを整備したといえ。

しかし、女性の社会進出は少なく公的保育は整備されないままで、老人福祉が整備された国もある。オランダである。そこでは一九六〇年〜七〇年代初めまで、女性の就業は進まなかったが老人向けの施設が急激に増加した。この間は高齢化率も低く、老人の同居率は伝統的に高かった。スウェーデンで老人福祉の整備を促したといわれる条件を満たさない状況にあったが、オランダは老人福祉を整備したのである。

2節、3節では、このように対照的なスウェーデンとオランダの福祉整備の歴史を分析する。2節では、スウェーデンのホームヘルプでは老人より子供重視だったことを指摘し、そこに働いた〈家の境界〉の論理を明らかにする。3節では、スウェーデンとは逆に、オランダでは老人福祉は発展したが公的児童保育は発展していないことを指摘し、オランダで老人福祉が発展した歴史的背景を述べる。

4節では、オランダ福祉国家の理論的説明を求めて、「福祉国家比較のジェンダー化」をめざすオランダの論者の議論を検討する。「ジェンダー化」論者は福祉国家を比較する際にジェンダーの視点を入れるべきだと主張する。たしかに彼らはオランダ福祉国家の特異性を児童福祉について説明するが、老人福祉はまったく分析しない。ジェンダーという視点を強調する彼らが、老人福祉を分析しない理由は何だろうか。

その理由を探るため、5節では、児童福祉と老人福祉の関係を理論的に考える。4節でみる「ジェンダー化」論者に老人福祉に関する議論はなく、新たな視点の導入が必要である。ここでは、2節のスウェーデンの子供重視の論理を想起させる、福祉国家論やマルクス主義フェミニズムにおける「再生産」概念を検討し、児童福祉と老人福祉の関係を考察する。そのうえで、オランダの「ジェンダー化」論者が老人福祉を分析しなかった理由を考える。

6節で、スウェーデンに子供重視の論理がある中で老人福祉の整備の論理がなぜ出てきたかを考える。

2　スウェーデンの老人と子供——公的サービスの意味づけの差異

2・1　ホームヘルプの違い

スウェーデンでは老人と子供の間で公的サービスの意味づけに明らかな違いがあった。その違いが顕著に表れていたのがホームヘルプサービスである。子供には有能な専門家が必要だが、老人には普通の主婦で十分だとされていた。

子供向けホームヘルプは一九二〇年代にボランティア主導で始まり、四〇年代にはコミューン(基礎自治体)(2)の仕事になった。子供のヘルパーは家庭世話役(hemvårdarinna)とよばれ、教育のある女性が当たらなければならないとされた。この制度自体は外国からの輸入といわれているが、質の高い教育が必要であるという考えはスウェーデン独自のものとされる（Gaunt 1996：42）。子供の家庭世話役には教育を受けた女性にふさわしい高い賃金を支払うべきだと早くから考えられていた。

一方、老人向けホームヘルプは一九五〇年に赤十字が組織するボランティアとして始まった（奥村 2000：132）。彼女らは当初は家庭奉仕員（hemsamarit）とよばれ、特別な教育は不要で主婦の経験さえあれば十分だとされた。子供の家庭世話役は本物の仕事だが、老人の家庭奉仕員は主婦のボランティア的なアルバイトであり、主婦役割の延長であるとみなされたのである（Szebehely 1995：60）。子供の家庭世話役には賃金と雇用条件において魅力と競争力が必要だとされたのに対し、老人の家庭奉仕員の仕事は競争力を持ってはならなかった。社会保険局も五〇年代初めにそのことをはっきりと書いている。コミューンは賃金の安い中年女性の労働力を活用することによって、生産性の高い分野の女性労働力を老人福祉の分野へ移さずにすんだ（Eliasson & Szebehely 1992：146-7）。老人の家庭奉仕員はボランティア的性格が強調され、一九八五年頃まで賃金は常に最低レベルであった(3)。

なぜスウェーデンではこのように老人と子供でお世話に対する考え方に違いが出てきたのだろうか。

2・2　ユートピア社会主義

児童保育に対するイデオロギーに大きな影響を与えたのは一九三〇年代のミュルダール夫妻である。三〇年代のスウェーデンの出生率は世界最低で、出生率増加策への支持が特に保守層の間で強かった。夫妻は一九三四年に『人口問題の危機』を出版し、その中で出生率増加効果のため保守政治家でも受け入れられるような社会福祉政策を訴えた（Myrdal & Myrdal 1934；Gustaffson 1994：49-53）[4]。これを突破口に社会民主労働党は広い政治的支持を獲得する。

スウェーデンの女性史研究者Y・ヒルドマンは、ユートピア社会主義がミュルダール夫妻に与えた影響を強調する。ヒルドマンによると、特に妻のアルバ・ミュルダールは、育児について何の教育も受けていない普通の母親よりも、施設や専門家が子供の養育にあたるべきだと明確に考えていた。ヒルドマンはアルバに影響を与えたユートピア社会主義を要約していう。

> ユートピア物語の中では子供は子供としてではなく国家の将来を担う者と考えられている。彼らは良き生活のための素材なのであって、堕落した古い生活——すなわち母親たち——から隔離されねばならない。例えばフーリエのいうように小さな軍隊の中で集団的に育てられねばならない。（Hirdman 1989：60）

国家の将来を担う子供たちを育てる家庭世話役は有能な専門家でなければならないが、国家の将来を担わない老人の世話をする家庭奉仕員は普通の主婦で十分である。すなわち、国家の将来を担う子供たちの福祉行為が行われる場である〈家の境界〉は、家族から国家へと拡大される。しかし、この論理だけでは、国家の将来を担わない老人は国家という〈家の境界〉の外に置かれることになるのである。

3　オランダの老人福祉発展の歴史的背景

3・1　女性の社会進出なしの発展

スウェーデンのように児童福祉や老人福祉は女性労働力確保のためだという論理では、オランダの福祉の発展を説明できない。オランダでは女性の就業率が低く（Pott-Buter 1993：154-7）、保育サービスの充実は見られなかったが、老人福祉は発展した。(5) 女性は社会進出しなかったが、施設ケアとホームヘルプサービスの両面で先進的な老人福祉の国になったのである。

オランダを考えれば、老人福祉発展の要因として女性の社会進出のみをあげる説明には無理がある。オランダの検討なしで女性の社会進出と老人福祉の発展が相関関係にあるとはいえない。にもかかわらず、スウェーデンの事例をそのまま日本に当てはめようとする議論が多いのは不思議だ。オランダで女性が社会進出しなかったのに老人福祉が充実したことを問題とし検討を試みる日本の論者は稀である。(6)

オランダでは、老人のための居住ケアが一九六〇年代から七〇年代はじめにかけて発展した。これはオランダの老人が伝統的に子世代と別居してきたからではない。むしろ、イギリスよりもはるかに多くの老人が子世代と同居してきた。近隣諸国と比べ、オランダの家族には宗教に基づく道徳的規範が比較的最近まで根強く残っており、これまで「安定した家族生活」は人生の中でもっとも重視されるべき価値のひとつと考えられていた。オランダでは、老人に対する家族の潜在的介護力が、比較的多く残されていた（Coleman 1984：274；廣瀬 1992：443, 451）。にもかかわらず、オランダで老人向けの施設・在宅サービスが発展したのはなぜだろうか。

3・2　宗派別民間非営利団体

廣瀬真理子は二つの要因をあげる。第一に宗派別民間非営利団体の存在である。「一九六〇年代から一九七〇年代はじめにかけて、オランダで高齢者用居住施設が増加した原因として第一に、宗派別民間団体が政府の補助金を獲得して、地域に高齢者用住宅を積極的に建設したことがある。見方を変えればそれは、施設ニーズの高まりに乗じて、カトリックとプロテスタントの両派が宗派勢力のバランスをとるために挙げて施設の建設を進めた結果ともいえよう。」（廣瀬 1988：46）

この民間非営利団体の活動は、オランダ特有の宗派別ブロック社会を基盤としつつ、福祉サービスの供給組織として戦後に飛躍的に発展した。この宗派別ブロック社会を「列柱状社会分割」という。その特徴は社会が三つの宗派別集団により政治レベルから日常生活レベルまで「縦割り」に分割されている点にある。学校、病院、新聞社までが宗派別に分かれており、市民は自ら属する「柱」の中で「ゆりかごから墓場まで」の生涯を送ったという。福祉分野でも、施設・在宅サービスの両面で、各宗派別に結成された民間非営利団体が主なサービスの担い手であった（廣瀬 1997：207）。

ではなぜ政府は、宗派別民間非営利団体による老人施設の建設に補助金を出したのだろうか。P・コールマンは一九六〇～七〇年代の老人施設急増の背景には第二次大戦後の出生率の劇的上昇があったという。戦後の出生率急増が団塊の世代を生み出した結果、六〇～七〇年代には若い夫婦が大量に出現し、彼らのための住居が不足する事態になった。この住宅問題の解決のため、老人用の施設を造り、老人に移り住んでもらって、より多くの若い家族がそれまで老人が住んでいた住居を使えるようにした（Coleman 1984：274）。

第二の要因として、廣瀬は次のようにいう。「第二に、施設の建設計画が関連政策と調整されていなかったため、政府が予想しない結果をもたらした。建設・国土省の当初の目的は、高齢者が週に二～三時間の家事援助を受けながら安価な家賃で自立した生活を送れるようにすることであった。しかし、実際には施設が増えると共に、本来ならば地域で自立した生活を送れたであろう高齢者までが施設で暮らすことを望むようになってしまった」（廣瀬 1988：46）。

である。

3・3 「自立」の意味の違い

では、なぜ「本来ならば地域で自立した生活を送れたであろう高齢者までが施設で暮らすことを望むようになっ」たのだろうか。オランダでは伝統的に老人が子世代と同居する割合がイギリスよりも高かった。常識的に考えれば、オランダの同居率の高さは公的な老人福祉の発達を妨げるはずである。

しかし、コールマンによると、意外にも、この同居率の高さは、オランダにおける老人の「自立」の意味をイギリスとは正反対のものにした（廣瀬 1992：450；Coleman 1984：274）。

イギリスの老人は子世代と別居してきた。そのため、イギリスの老人が「自立」するには、子世代との別居だけでなく「施設の外で暮らす」必要があった。

これに対しオランダでは子世代と別居すれば「自立」だと解釈された。施設に住んでも子世代と別居する限り、それは「自立」した生活形態だとオランダの人びとは考えたのである。(7)

福祉が行われる場としての〈家の境界〉は、家族から、国家が補助金を出す宗派別民間非営利団体による老人施設へと拡大された。オランダの老人の施設への移住は、伝統的に福祉が行われる場としての〈家の境界〉が家族の周りをイギリスに比べ強固に囲んでいたが故に、子供の家から別居し施設に入ることでも「自立」であると人びとが解釈したためであった。

逆説的だが、オランダは高齢化率が低く、同居率が伝統的に高かったが故に、独特な「自立」の解釈が生み出され老人福祉が発達したということができよう。スウェーデンのような女性の社会進出（労働力確保）とは関係なく、オランダの老人福祉は発展したのである。

4　「福祉国家比較のジェンダー化」論

オランダで老人福祉のみが発展し、児童福祉はスウェーデンとは対照的に発展しなかったのはなぜか。その理論的説明を求め、ここではこれまでの福祉国家論での議論をみてみよう。最初に主流派モデルについて説明し、次にそれを批判する「福祉国家比較のジェンダー化」という議論を検討する。ジェンダー化とは、ジェンダーの視点を入れ家族の内部まで分析すべきだということだ。

4・1　主流派モデル――三つの福祉国家レジーム

主流派モデルを代表するG・エスピン・アンデルセンは従来の社会保障の支出水準のみに焦点をあてる研究を超え、より質的な福祉国家の類型論を提示した。彼は十八の先進国を三つの福祉国家レジームに分けた。(8)その指標は、脱商品化、社会階層化、国家・市場・家族の相互関係の三つである。(9)そのうち重要な指標は脱商品化であり、労働者が市場において単なる労働力商品としての立場から解放されている程度をいう。(10)彼は老齢年金や疾病・失業手当により脱商品化を評価し、自由主義・保守主義・社会民主主義という三つのレジーム類型を作った。各々の特徴を単純化していえば、自由主義は市場を、保守主義は教会と家族を、社会民主主義は国家を福祉の供給者として重視するという特徴を持つ[11]。代表的な国をいうと、自由主義はアメリカ、保守主義はドイツ、社会民主主義はスウェーデンである。スカンジナビア諸国が最も高いレベルの脱商品化に達しているのは労働者階級に対する政治的動員が強いためである（Esping-Andersen 1990：52，128–9/57，138–9）。

4・2　男性稼ぎ手・女性世話係モデル

しかし、彼の類型論はジェンダーの視点を欠いていると批判された。この「福祉国家比較のジェンダー化」をめざす批判的議論の中で最も理論的なオランダのJ・ブッセマカーとK・ファン・ケルスゲルゲンの議論を紹介しよう。

エスピン・アンデルセンの「労働者階級の政治的動員が進み社会民主主義の勢力が強ければ福祉国家化が進む」という社会民主主義モデルでは、オランダの説明がつかない。社会民主主義と福祉国家の間に必ず因果関係があるわけではない。オランダは社会民主主義の支配なしに福祉国家化を進めた。

ブッセマカーとファン・ケルスゲルゲンによると、エスピン・アンデルセンは市場や国家が福祉供給に果たす役割ばかりを分析する。ケアと福祉の「私」的な供給において家族（特に女性）や半ば公的なボランティア組織の果たす役割は無視する（Bussemaker & van Kersgergen 1994：11，13）。エスピン・アンデルセンは国家・市場・家族の相互の関係を分析すべきだというが、彼が分析するのは三者の相互関係ではない。ある福祉国家レジームで社会階層化や脱商品化レベルを決めるのは市場と国家のどちらなのかということだけである（15）。

オランダでは、世帯単位でみれば社会階層化の程度はむしろ低いが、男性と女性を比べたときには明らかな社会階層化が生じている。女性の就業率は低いし、有給の労働時間も男性に比べ著しく短い。オランダ福祉国家の特徴は男性の賃金労働者の脱商品化と、男性と女性の間の社会階層化の激しさの同居である。しかし、このような重要な情報が、主流派モデルのように一つの世帯をとって脱商品化や社会階層化の指標を計った場合には、まったく抜け落ちてしまうとブッセマカーとファン・ケルスゲルゲンは批判する（22）。

エスピン・アンデルセンの家族の位置づけは不明だという彼らの批判は当たっている[12]。ただ、彼らが問題とするのは、オランダが社会民主主義の支配なしに福祉国家化を進めた点だ。オランダ福祉国家の論理が社会民主主義の論理ではないのなら、どのような論理なのかを彼らは問題にした。

オランダの福祉は社会保障給付が一家の収入を補充するよう設計されている。給付の寛大さと社会民主主義的な意味での連帯や社会的正義との関係は少ない。むしろ女性は賃金労働をしないと前提したうえで、男性の稼ぎ手がまずまずの家族生活を維持できるべきだと考えられている。オランダの社会政策は「男性が専ら一家の稼ぎ手（breadwinner）で、女性は家でのお世話係（care-taker）」という家庭経営モデルをとる。

私的領域での女性のお世話労働（caring tasks）の負担を軽減するための社会サービスは福祉と見なされない。それどころか家族のお世話の代行をする施設がないことは福祉国家にとってよいことだと理解されている。保育施設は幸福な家族生活に矛盾し、特に女性の育児の能力を否定するものだ(23)。児童福祉については福祉が行われる場としての〈家の境界〉は家族の外へ拡大されず、家族という〈家の境界〉の中にいる女性がもっぱら育児にあたっている。

ブッセマカーとファン・ケルスゲルゲンの分析により、オランダでなぜ保育サービスが発展していないのかは理解できる。しかし、女性の就業率が低いオランダで、なぜ老人福祉が発達したのかという問題を彼らはまったく論じていない。

ブッセマカーとファン・ケルスゲルゲンは、女性お世話係(caretaker)モデルのもとでのオランダ老人福祉の発達という謎には一言もふれない。福祉国家論の主流派モデルを「ジェンダーや家族の内部構造を考慮していない」と批判する彼らが、なぜ児童福祉ばかりを分析し、老人福祉は分析しないのだろうか。

5 福祉国家と「労働力の再生産」

ブッセマカーとファン・ケルスゲルゲンがオランダの老人福祉を論じない理由を探るため、児童福祉と老人福祉の関係を理論的に考えてみよう。老人福祉に関する彼らの議論はなく、新たな視点の導入とそれらの視点の組み合わせが必要である。ここでは2節のスウェーデンの子供重視の論理を想起させる、福祉国家論やマルクス主義フェミニズムの「再生産」概念を検討し、その論理構成を前提にした場合、児童福祉と老人福祉、さらに国家との関係はどうなるのかを考えたい。

5・1　「労働力の再生産」――市場の失敗

福祉国家論には、福祉国家は「労働力の再生産」のためにあるという議論がある。たとえばG・セルボーンは福祉国家の普遍性はすべての産業社会に共通する特色、すなわち「労働力の再生産を確保するという点での市場の失敗」から必然的に発生するいう（Therborn 1987：239-42）。フェミニストもこれまで立証しようとしたように、市場は人間の労働力再生産に必要なものを決して十分に与えなかった。労働力の再生産は、私的供給（家族を通じて）か公的供給（国家教育や保健サービスを通じて）にいつも頼らなければならなかった。福祉国家は、市場経済が隆盛すれば、必ず起こる労働力の再生産という「市場の失敗」の問題を解決するために必要となるのである[13]。

福祉国家は「労働力の再生産」のためにあるという論理構成を前提にすると、児童福祉と老人福祉それぞれの国家との関係はどうなるか。児童福祉は、将来の労働力を生産する育児という行為を援助するものだ。だから、児童福祉が「労働力の再生産」であるという論理は成り立ちやすい。だが、老人福祉（特に老人介護）が「労働力の再生産」であるという論理は成り立ちにくいだろう。介護される老人が再び労働力となることは期待しにくいからである。これは労働力となることが期待できない障害者についても同じである。

セルボーンは、中世から現在まで「少なくとも無能力者と社会に見捨てられた窮乏者は何らかの形で扶養するある種の公共の義務が認められてきた」というのみだ（Therborn 1987：244)。そんな義務など認めないと言う者に対してどのような反論が可能なのかは教えてくれない。

福祉国家は「労働力の再生産」のためにあるという論理構成では、老人や障害者など「今後労働力となることが期待できない者」の介護を福祉国家に要求することはできない。

労働力の再生産という視点から見れば、児童福祉と老人福祉が要請される論理は同じではありえない。児童福祉を福祉国家に要請する論理で、すべての老人福祉を要請することはできない(14)。

この論理でいくと「福祉が行われる場としての家」が国家にまで拡大される場合には、福祉の対象者の境界は、労働力として期待できる者とそうでない者との間に引かれることになる。

5・2 マルクス主義フェミニズム

次に、マルクス主義フェミニズムからの老人福祉の議論を見てみよう。ここでは、「家父長制の廃絶」のために、公共的な介護サービスを要求するという上野千鶴子の論理構成と「再生産」概念を検討する。この論理で老人の介護を福祉国家に要求できるかどうかを考えたい。

第一に、老人介護の問題は、家父長制の一つの側面である世代間支配の問題として構成される（上野 1990：101-2)。家父長制は性支配と世代間支配の二つの側面を持つ。性支配（女性のセクシュアリティの領有と受胎能力の管理）は、女性という「再生産手段」の管理を通じ、最終的にその成果の「再生産物」つまり子供の領有につながる。世代間支配は性支配の帰結であり目的である。

老人介護の社会的費用を、成人した子供と国家でどう費用を分配するかは家父長制の大きな関心事となる。

家父長制の廃絶という問題については、「フェミニストの要求は、第一に再生産費用の両性間の不均等な分配を是正すること、第二に、世代間支配を終了させることにある。後者の点については、（1）再生産費用を子供自身の権利として自己所有させること（家族手当ではなく児童手当の支給と、（2）老人が独立できるだけの老齢年金の支給と公共的な介護サービスの確保、の二点があげられる」とする（106）。

だが、このように老人介護の問題を世代間支配ととらえることには賛成できない。このような論理構成は、老人介護における最大の問題から目を逸らさせてしまう。最大の問題とは、老人介護が国家や市場にまかされるのでなく、家族の中に閉じ込められてしまっていることだ（立岩 1994：109）。

実態面からいえば、老人介護は老人の夫婦の間でもなされている。世代間支配を終了させるため公共的な介護サービスを要求するという論理構成では、このような老人夫婦が介護しあう家庭にまで公共的介護サービスを求めることはできない。これは、介護される老人が子供を支配する世代間支配という枠組みで解ける問題ではない。

5・3　「再生産」概念の拡大の問題

第二に、「再生産」概念の拡大の問題がある。上野は当初、「他人の再生産」すなわち出産・育児だけが再生産労働で家事労働であると定義していた。自分自身の再生産には「他人に委ねられない」もの（睡眠等）と「他人に委ねられる」もの（料理等）の二つがあるが、いずれも再生産労働でも家事労働でもない。前者の労働は自分でやるしかなく、後者の労働は商品として市場に移せるから家事労働とはいわない。家事労働が社会の中でどうしても残ってしまう理由は、「他人の再生産」すなわち出産・育児である（上野 1985：22-5）。

出産・育児＝再生産労働という上野の当初の定義をとるなら、老人介護は再生産労働ではないことになる。また、老人を介護しても労働力の再生産にならない場合があるから、老人介護の中には「労働力の再生産」になりえない部分がある。老人介護は、再生産労働ではなく、「労働力の再生産」にもなりきれないから、既にみたセルボーンの「労働力の再生産」のため福祉国家はあるという論理では、すべての老人の介護を国家に要請することはできない(15)。

「出産・育児＝再生産労働」と定義したことから、「再生産」の議論は出産・育児の社会的費用の問題に限定されていた。家父長制は子宮という再生産手段の支配とコントロールのためにあるとし、再生産労働＝出産・育児という「再生産」の語の使い方は実に一貫していた（上野 1990：90，93）。

ところが、のちには、「二つの再生産労働、育児労働と老親介護労働」「老親介護という再生産（の終点にある）労働」（240）、「人間の生命を産み育て、その死をみとるという労働（再生産労働）」

（307）として、老人介護を再生産労働に含ませるようになる。「再生産」概念の出産・育児への限定をはずし、「他者の生命の生産・再生産」にまで広げているのである（150–1）。

なぜ「再生産」概念の出産・育児への限定を外し、老人介護を含むようにしたのか。

その鍵は性別分業を生む「家父長制」にある。ここで問題にされているのは「ある労働がなぜ排他的に女にだけ配当されているのか」という性別分業の問題である（151）。ある労働が出産・育児であろうと老人介護であろうと、「排他的に女にだけ配当されている」限りで、それを家父長制の問題としてとりあげるという視点である。

その結果、老人介護の問題は労働の性的配置をめぐる問題に還元される。「老人介護の費用負担の両性間の分配不平等」（105）は問題とされるが、老人介護が家族の中に閉じられていること自体は大きな問題とされない。

たしかに現状では老人介護労働の多くを女性が担っているのは事実であり、それを問題視するフェミニストとしての戦略は理解できる。

5・4　介護労働の家族への閉じこめ

しかし、「他者の生命の生産・再生産」が「排他的に女にだけ配当」される事態が終わりさえすれば老人介護の問題は解決するだろうか。

上野（1985）の議論によればそうならないはずである。ここでは企業による子持ち差別をあげ、もし男と女との間で育児を平等に分担しても、育児をする社員は男であれ女であれ企業から差別される可能性があると指摘している。子供のいない社員に比べ、子持ち社員は会社に全面的に尽くせないからである（58-9）。

であれば老人介護についても、それが家族に閉じられたままなら介護労働を行う者と行わない者との間に差別が生じることを問題にすべきだろう。阪神大震災後に老父の介護のため仕事を辞め、精神的疲れから父親を殺した男性は、介護は家族がやるしかないと感じたからこそ、国家に介護サービスを要求しなかったのだろう。ここでの問題は「介護労働の家族への閉じこめ」であり、性別分業ではない。老人介護を性別分業の問題に還元する論理構成では「老人介護労働の家族への閉じこめ」自体の問題性を問うことはできない。老人介護の場合には、福祉が行われる場としての〈家の境界〉が家族の内と外の間に引かれているとなぜ感じられてしまうのかということをむしろ問題とすべきだと考える。

ここでブッセマカーとファン・ケルスゲルゲンがオランダの老人福祉の発展に触れていないことへの疑問をもう一度考えてみよう。彼らがお世話（caring）というときは育児だけを論じ、老人福祉はまったく論じなかった。彼らの視点はセルボーンや上野のような論理とつながっているのだろうか。

3節でみたように、オランダの老人福祉は、スウェーデンのような女性の社会進出とは関係なく発展した。

オランダで老人福祉を発展させた論理は、「労働力の再生産」のためという論理ではないし、家父長制の破壊という論理でもない。上野のいう意味で家父長制を理解するなら、オランダの老人福祉の充実は、まさに家父長制を維持したままなされたのである。

たしかに「福祉国家比較のジェンダー化」論者のブッセマカーとファン・ケルスゲルゲンは、オランダのように「家父長制」的な家族構造やイデオロギーを残しながら、世帯への社会保障給付を高めるという形での福祉国家化の道もあることを明らかにした。オランダ福祉国家はスウェーデンとは異なる論理を持つ福祉国家の一つなのであり、そこでは児童福祉は要請されないことを彼らは指摘する。しかし彼らは、オランダのように「家父長制」が維持され児童福祉が発展しない場合においても、施設ケアやホームヘルプサービスといった老人福祉が充実しうることを指摘することはなかった。

ジェンダーや家族の内部構造を分析していないと福祉国家論の主流派モデルを批判しながら、なぜ彼らは児童福祉とは対照的に発展したオランダの老人福祉を取り上げなかったのか。それは彼らが老人福祉で働く論理は児童福祉で働く論理とは違うことを予感していたからではないか。老人介護を性別分業の問題に還元することはできない。老人福祉の問題をジェンダーの視点のみで語りつくすことはできない。それを予感していたからこそ、オランダの「ジェンダー化」論者であるブッセマカーとファン・ケルスゲルゲンは老人福祉について語らなかったのではないだろうか。

福祉を成り立たせる〈家の境界〉は、老人福祉と児童福祉では異なる論理の働き方をするのである。

6　老人福祉と拡大された〈家〉

以上の分析を行ったのは、日本がオランダの福祉発展を見習うべきだと主張するためではない。オランダは高齢化率が低かったのに老人福祉が進んだ。日本はこれから高齢化がますます進むのであり、オランダとは状況が違う。列柱状社会分割というオランダ特有の条件も日本には存在しない。ただ、さまざまな国での老人福祉の充実が、どのような歴史的背景のもとで起こってきたのかを一般的に検討する必要があるはずである。それにもかかわらず、スウェーデン・北欧諸国の事例だけを念頭におき、「老人福祉は、その前提あるいは同時進行の現象として、必ず女性の社会進出をともなう」と当然のごとく語られることが多い。それはまさに「耳にたこが出来るほど」なされている（立岩 1995：232)。

この点を強調していくと、「女性の社会進出につながらないのであれば、老人福祉の整備を行う必要はない」という議論になりかねない。オランダの分析は、少なくともそのような議論に対する批判として働きうる。オランダでの老人福祉の発展は女性の社会進出を伴わずになされたからである。

独自の〈家の境界〉を前提として、オランダとスウェーデンそれぞれの社会の福祉制度はつくられてきた。

6・1　〈家の境界〉のイメージと老人福祉

オランダで公的な児童福祉が発達しなかったのは、福祉が行われる場としての〈家の境界〉が家族の外へ拡大されず、家族という〈家の境界〉の中の女性が育児にあたるべきだとされたからである。

それにもかかわらず、老人福祉については福祉が行われる場としての〈家の境界〉は、家族から、国家が補助金を出す宗派別民間非営利団体による老人施設へと拡大された。その老人施設へオランダの老人が移住したのは、伝統的に老人が子供と同居し〈家の境界〉が強固であったが故に、子供の家から別居し施設に入ることになってもそれは「自立」であると人びとが解釈したからであった。

スウェーデンで児童福祉の整備が始まったのは、国家の将来を担う子供たちの養育は、家族という狭い〈家の境界〉に閉じ込めるのではなく、国家という広い〈家の境界〉の中の施設や専門家があたるべきだというユートピア社会主義的な考えがとられたからであった。しかし、この論理だけでは老人や障害者などは〈家の境界〉の外に置かれることになり、彼らの福祉を追求する論理は出てこない。老人福祉には児童福祉とは異なる〈家の境界〉の論理が必要だった。

2節でとりあげたヒルドマンによれば、スウェーデンではユートピア社会主義的なエレン・ケイの「家イメージ」と、スウェーデン福祉国家の父である社会民主労働党党首ペール・アルビン・ハンソンの「家イメージ」は根本的に異なっていたという。「それは彼らの人間への視線の違いに由来している。エレン・ケイは懲罰的で上から作り替えようとするが、ハンソンは家父長的であり守ろうとする。」(Hirdman 1989 : 90)

6・2 〈家の境界〉の拡大と「国民の家」

一九三二年に初の社会民主労働党単独内閣を組閣したハンソンは一九二八年に福祉国家建設のスローガンとして「国民の家」という考えを議会で唱えた。「国民の家」とは、胎児から墓場までの人生のあらゆる段階で、国家が「良き父」として人びとの要求・必要を包括的に規正・統制・調整する〈家〉の機能を演じる社会である(岡沢 1991 : 76)。「国民の家」をとなえたハンソンが内閣を率いた一九三〇年代は、スウェーデン福祉国家の重要な準備期だった。その十年の間に、改革にむけて様々な法案が作られた。その関連分野は、財政政策、老齢年金、福祉サービス、医療ケア、教育その他各方面にわたっている。一九三〇年代に計画された福祉社会の構想は、戦後から一九五〇年代にかけてほぼ実行に移されることになる(Andersson & Weibull: 訳 61-2, 68-72)。

このようなスウェーデン福祉国家を建設する必要性を説くために、「国民の家」という〈家〉のイメージをハンソンは用いた。ハンソンにとっては、「良き家とはまず第一に弱く小さなものを保護するものであり、エレン・ケイのいうような新しい社会主義的な人間を作るための場所ではない」(Hirdman 1989 : 90)。

老人福祉の根拠は、ハンソンのいう弱者保護のために福祉国家としての「国民の家」があるのだという、拡大された〈家の境界〉の論理からしか出てこなかったと考えられるのである[16]。

その意味では、人びとの〈家の境界〉に対するイメージがどのように変容していくかということが転轍手の役割を果たし、老人福祉サービスの整備の軌道を方向づけていくのではなかろうか。〈家の境界〉の論理は近代化やフェミニズムのいう家父長制という枠組みだけでとらえきれるものではない。それだけでは福祉が行われる場としての〈家の境界〉に対する人びとのイメージがどのように形成されてきたのかをとらえつくすことはできない。このとらえがたい〈家の境界〉への感覚と論理抜きに、福祉制度の導入をはかっても、社会に受け入れられるとは考えにくいのである。

注

（1）以下で老人福祉、児童福祉というときはもっぱら公的なそれを指す。後に述べるオランダの宗派別民間非営利団体を担い手とする老人福祉も、政府が補助金を出すという意味で準公的であるとここでは考えておきたい。
（2）コミューンは日本の市町村にほぼ相当する。くわしくは斉藤・山井（1994）を参照。
（3）スウェーデンのホームヘルプ研究の第一人者Marta Szebehelyの教示による。Statistiska centralbyrån（1990：45，1993：37）も参照。
（4）一九三〇年代の状況とミュルダール夫妻の活動について、くわしくはCarlson（1990）、宮本（1999）を参照。

(5) Anttonen & Jorma（1996：94）のOECD十四ヶ国の老人福祉を縦軸、児童福祉を横軸にした散布図を参照。オランダは老人福祉では第三位だが、児童福祉では下から第三位、すなわち第十二位である。

(6) 廣瀬（1992）は事実の指摘は行っているが、私のような問題設定はしていない。また、オランダの研究者ではKnipscheer（1992：153, 156-7）が問題を指摘している。

(7) オランダで、老人が子供から自立したいと願うようになったのは、家が狭かったからだという説明がある（Knipscheer 1992：157）。戦後に建てられた家は核家族だけが住める広さしかなかった（Coleman 1984：274）。

(8) エスピン・アンデルセンが「福祉国家レジーム」という言葉を使うのは、所得移転や社会サービスといった伝統的な社会福祉政策がどう作り出されるかだけではなく、これらの社会福祉政策が雇用や一般的な社会構造にどう影響するかも考えたいためである。「レジーム」は体制という意味だが、国家と経済の間に法的組織的な関係が体系的に張りめぐらされていることを示すためにここでは使われている（Esping-Andersen 1990：2/2）。

(9) Pierson（1991：訳69）、埋橋（1997：147-55）、Bussemaker & van Kersgergen（1994：12-3）も参照。

(10)「この概念は、個人や家族がどれほど市場への参加とは無関係に、社会的に受け入れられる生活レベルを維持できるのかという程度に関するものである。」（Esping-Andersen 1990：37/41）

(11) Borchorst（1994：27）も参照。

(12) エスピン・アンデルセンはその後の著書で家族の分析の未熟さを認め、オランダは所得保障面を見れば脱商品化が高い点で「社会民主主義」の仲間に入るように見えるが、家族の役割を考えると、はっきり「保守主義」の仲間に入ると述べた（Esping-Andersen 1999：訳35, 108, 131）。

(13) Pierson (1991：訳 44) も参照。

(14) こまかくいえば老人福祉は、ホームヘルプサービスのおかげで、在宅の女性が働きにでることができるようになるという形で女性の労働力を作り出しうるので、「労働力の再生産」に当たる面もある。これについては第二章をみよ。

(15) もともと上野 (1985) は、国家が保育サービスという現物費用を負担することに否定的であった (62)。中国の女性社会学者が「私のような素人が育てるよりも、玄人の保育労働者が育てるほうが子供は良く育つと思いました」というのを聞き、上野は愕然とし、これはスターリニズムではないかといっている。

(16) 「国民の家」というレトリックの起源は社会民主主義にあるのではない。「国民の家」はもともと保守的なイデオローグによって創り出された概念である。「『国民の家』はハンソンの独創ではない。彼は過去の伝統をうまく利用したのにすぎない」(Qvarsell 1991：176)。より詳しくは、第四章をみよ。

第二章　老人介護の最終的根拠
——人格崇拝

前章では「労働力の再生産」のための福祉国家という論理では「労働力」になりえない老人の介護は根拠づけえないことを確認した。本章では、労働力になりえない老人に対して、国家や社会による公的な介護福祉を成り立たせる論理を理論的にさらに追究する。[1]

本書で扱うのは年金ではなく、老人の介護であることに注意されたい。後に見るように年金は「労働力の再生産」という福祉国家の論理になじむ点があるが、老人介護はそうではない。労働力になりえないと判断された老人（長期寝たきり老人、痴呆老人など）を公的な財源（社会保険あるいは税金）で介護するという福祉制度を本章は扱う。[2]

ここで想定されているのは、労働力になりえない老人に対しても第二次大戦後に徹底した介護福祉の整備をすすめたスウェーデンである。その徹底ぶりは特異といっていいものであった。労働力になりえない老人に対してスウェーデンが介護福祉を徹底して整備した論理はどのような論理だったのか。

この問題を、本章ではいったん歴史的事実を離れ、理論的に考察する。本章で抽出した枠組みは、第II部の歴史分析において利用される。

最初に、われわれが現に生きている社会関係に注目しない国家論でどこまで労働力でない老人の介護を根拠づけうるかを検討する。それが「3　規律と福祉国家」までのテーマである。

しかし、国家論だけでは労働力になりえない老人の介護を公的に行う根拠を見出すことは困難である。公的な老人介護の最終的な根拠は、国家とは区別されるわれわれの社会自体の中に理論的には見出されることを「4　功利主義批判」で明らかにする。4節ではJ・ロールズとE・デュルケムの議論を扱うが、公的な老人介護の最終的な根拠はデュルケムの人格崇拝の論理から引き出されることを示す。

1　経済の要請する福祉——労働力商品化の補助

本章ではもはや〈労働力でない〉者の介護福祉の根拠を問うていくわけであるが、はじめに労働力と福祉の関係を考察した諸議論を検討してみよう。福祉との関係での〈労働力〉のとらえかたを明らかにし、〈労働力である〉者への福祉の特質をまず明確にしてみたい。それとの対比で、〈労働力でない〉者への福祉の特質を考察することにしよう。

1・1　労働力の商品化と福祉

労働力と福祉の関係については、これを労働力の商品化と福祉制度の関係として論ずる議論がある。ここではM・ポランニーとC・オッフェの議論を検討してみよう。

ポランニーは市場メカニズムでの〈労働力〉という商品はまったくの擬制、フィクションであると指摘した。商品を「市場での販売のために生産されるもの」と定義するなら、労働は本来このような意味での商品ではない。労働は生活それ自体に伴う人間活動の別名であり、その性質上、販売するために生産されるものではないからである（Polanyi［1944］2001：75-6/96-7）。

このような労働力の商品化という擬制が必要とされた理由は、労働が、生産に不可欠な要素であり、金で売り買いできる商品にしなければ市場に組織的に出回らないという点にある。工業生産のためには労働の組織的な供給が必要だ。商業社会で労働の供給を組織化するには、労働を金で売り買いできる商品にする（すなわち商品化する）しかない。商業社会に工場制度を導入し、生産を維持するためには労働は商品化されなければならなかった（78-9/100）。

しかし、このような〈労働力〉商品は無制限に使ったり、また使わないままにしておくことはできない。〈労働力〉の商品化は、この特殊な商品の担い手である人間個々人にも影響を及ぼさざるをえない。人間の労働力を扱う場合、市場メカニズムは、労働力というレッテルの貼ってある肉体的、心理的、道徳的実在としての〈人間〉を扱っている。文化的諸制度という保護の被いを奪われれば、人間は、社会に生身をさらして滅びてしまうだろうし、悪徳、堕落、犯罪、飢餓という社会の混乱の犠牲となり死んでいくだろう（76/97-8）。労働に関する市場の動きを規制する諸制度が出てくるのはこのためである（79-80/101）。

オッフェは、このようなポランニーの議論をもとに、労働力の商品化と福祉制度の関係について論じた。オッフェによれば、

ポランニーは労働力という〈擬制的〉な商品形態にもとづく社会は、商品化されていない補助システムに必然的に依存すると指摘した。このシステムは、労働力が労働〈市場〉で売買されていない場合には常に労働力を維持し高めるように機能する。（Offe 1984 : 263/96）

T・H・マーシャルが、市民権を①公民権、②政治権、③社会権の三つに分け、近代社会では市民権が①から③の順に発展し、社会権の発展が社会政策の形成をもたらしたことを主張したことはあまりにも有名である（Marshall［1950］1992）。しかし、

T・H・マーシャルの著作を後に連想させるような見解とは反対に、〈福祉〉制度は資本主義

社会で後期に発展したものではなく、労働力の絶対的搾取の時代の後で人道的理由からどうにか現れたものでもないことをポランニーは示唆した。むしろ〈福祉〉制度は労働力の商品化の前提条件である。(Offe 1984 : 263/96)(3)

ここでオッフェは〈福祉〉制度は労働力の商品化を支える補助システムであるととらえている。このように〈福祉〉制度の目的が労働力の商品化の補助のみにあるのなら、〈福祉〉制度の対象となりうる者は〈労働力〉商品になりうる可能性を持つ者に限られる。オッフェのいう労働力の商品化の前提条件としての〈福祉〉制度によっては、〈労働力〉商品になりうる可能性がない老人への〈福祉〉を根拠づけることはできないはずである。

ただ、オッフェは福祉制度は労働力の商品化のためだけにあると言っているわけではない。国家の教育、保健、福祉サービスなどの諸政策は商品形態のためだけにあるのではなく、同時に国民の必要(needs)を非市場的な手段で満たすためにもある。少なくとも国の機関は、そのような約束を与えようとする(Offe 1984 : 143-4)。

しかしオッフェによれば、実際には国家のサービスは国民の必要を満たすことに主旨があるのではなく、商品関係世界を維持するのに必要とされる範囲内で行われるにすぎない。ここでオッフェが政策策定の〈善(goodness)〉の規準の二重性を指摘している点は重要である。政策は、①労働力商品を作り出し労働と資本が交換可能である状況をどれだけ作り出すかによって、また②国民の必要を非市場的な手段で満たすという約束によって評価される。たとえば病院は①労働能力の修復という機能を果たすし、②国民の健康を回復させる施設でもある。政策の善さは①と②という二重の規準によってはかられる。すべての社会サービスは〈商品形態および必要への二重の言及〉によって特徴づけられるのである（144；山口 1985：32-3；山口 1989：294-5）。

1・2　商品形態および必要

この（A）商品形態および（B）必要という二つの規準の関係をどう考えるかによって、国家サービスの性格は変わってくる。

（A）商品形態の規準を必ず満たす必要があるなら、労働力という〈商品形態〉を維持するのに必要な限りでしか国家のサービスは行われない。

この場合、労働力〈商品〉になる可能性がないと国家が判断した老人にたいしては国家のサービスは行われないことになりそうであるが、そうではない。老人の家族のことを考える必要があるからである。

老人自体は労働力〈商品〉になる可能性がないが、老人を介護している家族が労働力〈商品〉になる可能性がある場合には国家のサービスは行われうる。労働力〈商品〉になる可能性を失った老人に、彼らを介護する家族がいる場合がある。たとえば老人を介護するために職を辞め労働力〈商品〉でなくなった家族がいる場合は、公的財源によって介護サービスを家族に提供するかわりにその家族が再び就業するという形で、家族は再び労働力〈商品〉になりうる。
ただし、労働力〈商品〉の維持のためという目的を前提とするかぎり、ここでの公的な老人介護サービスは、労働力〈商品〉になりえない老人のためではない。あくまで再び労働力〈商品〉になりうる家族のためにある。

よって、労働力〈商品〉の維持のために福祉制度はあるという根拠づけによれば、公的財源で老人介護サービスがなされるのは、あくまで老人に介護する家族がいて、かつその家族が就業しうる可能性がある場合のみである。

このことはスウェーデンにおきかえれば次のようになる。前章で述べたように「労働力の再生産」のための福祉国家という論理では、「今後労働力となることが期待できない」老人の介護を国家に要求することはできない。老人福祉の根拠は弱者保護のために「国民の家」があるという、拡大された〈家〉の境界の論理からしか出てこなかった。拡大された〈家〉の境界の論理は、「労働力〈商品〉を維持するのに役立たない場合でも人々の〈必要〉に対する国家のサービスは行われるべきである」という論理であり、（B）必要の規準さえ満たされればよいという論理である。

以上をまとめると、労働力〈商品〉を維持するのに役立たない場合（①老人に介護する家族がいない場合、②老人に介護する家族がいてもその家族が就業しうる可能性のない場合）にも、公的財源で老人介護サービスを行なうためには、「人々の〈必要〉に対する国家のサービスは行われるべきである」という立場をとるしかない。

では、どのような根拠のもとに、この立場をとり、「人々の〈必要〉に対する国家のサービスは行われるべきである」ということができるのか。

2　福祉国家の正当性の調達と承認

2・1　福祉国家システム

本節の課題は、1節で提示した「人々の〈必要〉に対する国家のサービス」の根拠という問題を考えることにある。

まず、国家を考察の出発点としたオッフェの議論を、山口節郎による整理を参考にしつつ検討することにしよう。オッフェによれば、国家を動かしているのは支配階級の利害ではなく、国家の「自己自身への関心」である（Offe 1975：12-3；山口 1989：284-5；山口 1994：103）。国家の政策の革新は、特定の社会集団や階級の要求に〈奉仕〉するものではなく、福祉国家装置の内部の構造問題に反応する（Offe 1984：105；山口 1989：285）。このように国家（＝政治-行政システム）をとらえるオッフェが、後期資本主義社会における経済、政治-行政、規範という三つのシステムの関係を表したのが左記の図1の上の部分である。図の下部の二つの枠以下は私が加えた。

1節でも見たように、経済システムは労働力商品化から生じる内部での機能不全を解決するために補助システムである国家に依存し、国家からの継続的な介入を必要とする。図1でいえば、中央

図1　労働力商品の有無によるサービスの意義の違い

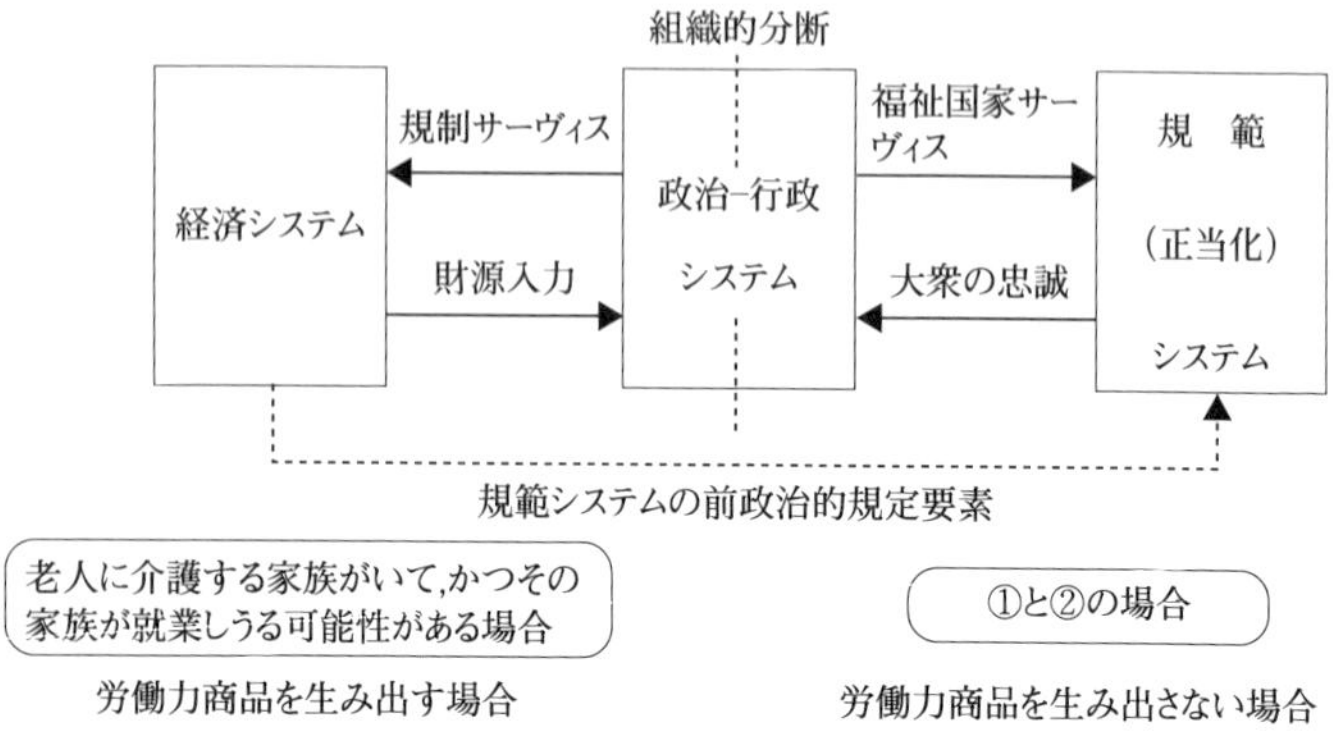

の政治-行政システムから左側の経済システムに対する「規制サーヴィス」が必要になる（Offe 1973：212-3/52-3；山口 1994：96）

1節での老人介護サービスについての考察もこの図1の左側をもとに説明できる。政治-行政システムから経済システムに対する「規制サーヴィス」として、いいかえれば労働力〈商品〉の維持のためのサービスとして、公的財源による老人介護サービスを位置づけうるのは、その老人に介護する家族がいて、かつその家族が就業しうる可能性がある場合だけである。

それ以外の場合（①老人に介護する家族がいない場合、および②老人に介護する家族がいてもその家族が就業しうる可能性のない場合）に、公的財源で老人介護サービスを行なうのは、図1の右側にあるように政治-行政システムが「大衆の忠誠」を獲得するためである。「大衆の忠誠」を獲得するために「人々の〈必要〉に対する国家のサービス」は行われるべきであるという根拠づけがここから出てくる。

2・2　大衆の忠誠と正当性

オッフェのいう「大衆の忠誠」は、M・ウェーバーの正当性概念とは異なる。後者がある支配システムに対する被支配者の「正当性信念」であるのに対し、「大衆の忠誠」は正当化の要求そのものを諦めている。「大衆の忠誠」は政治システムに対する無気力なアパシー的服従が用意されてはじめて現実化する（オッフェ 1988：27；Weber［1921-2］1972：122/世良訳 1970：4；星野 1992：65）。ここで「大衆の忠誠」の意味を明らかにするために、オッフェの正当化概念を説明しておこう。

オッフェによれば、正当化概念には二つのとらえ方がある。第一の場合、「正当性は〈下からの承認〉によって支配システムに付与されるのに対し」、第二の場合には「〈上からの調達〉によって政治システムによって創出される」（山口 1989：300-1）。第一の〈下からの承認〉では、正当化とは人びとが承認した妥当な根拠に基づいて、ある支配構造に対する服従の用意ができていることであり、「正当化問題は行為者と社会階級から始まり、彼らが特定の妥当基準を支配システムに当てはめる」。これに対して、第二の〈上からの調達〉は、「ある支配システムは様々な正当化を供給し、特定の構造と戦略によって自らを承認させるための妥当根拠をつくりだす」のであり、第一の正当化の過程とは逆に「政治的支配の担い手の構造と戦略が正当化過程の主体として表れる」（Offe

1976：84/172)。

オッフェのいう「大衆の忠誠」は、第二の場合であり、〈上からの調達〉によって創出されるものである。図1のオッフェの図式によれば、老人介護という「福祉国家サーヴィス」の正当性は〈上からの調達〉によってしか創出されえないということになろう。

だが、一方でオッフェは、第一の場合の〈下からの承認〉をシステムの不可欠の要件とする。すなわち支配は合意があったときに最も安定するという行為論的アプローチを採り入れ、「国家行為の目的規定、あるいはその規範的内容についてのなにがしかの合意（正当化）の獲得こそ、全体としてのシステムが生き延びていくための不可欠の要件」とする（山口 1989：296-7，302)。

2・3　上からの調達と下からの承認

このようなオッフェの議論をよむと、山口もいうように、オッフェが〈上からの調達〉と〈下からの承認〉の「本当のところはどちらの主張の支持者なのか、混乱させせられる」(山口 1989：302)。私は、以上のオッフェの議論を、「福祉国家の正当性は〈下からの承認〉を〈上から調達〉することによって最もよく安定して獲得される」という仮説として解釈し直すことで、オッフェの議論の可能性を広げることを以下で試みてみたい。

〈下からの承認〉を〈上から調達〉するということで私が想定するのは、本章の文脈でいえば次のような事態である。大衆は一人一人自立した個人として公的財源による老人介護福祉制度を認める規範の承認を行っているが、その規範を承認する論理は支配システムの作用によってつくりだされているという事態である。

だが、これでは〈下からの承認〉にあたる第一の正当性の概念と矛盾するようにみえる。正当性の議論で確認したように第一の正当性とは「支配に対する独立して妥当する規範的基準」と把握された。支配システムに対して独立しているはずの第一の正当性の規範的基準が、支配システムの作用によってつくりだされるということは自己矛盾であり、ありえないことだろうか。この問題を「大衆の忠誠」と同様の論理をはらむウェーバーの「規律」論の検討により考えることにしよう。

3 規律と福祉国家

3・1 規律

正当化問題における〈上からの調達〉は「支配の安定性を合意獲得に基礎づける」行為論を否定する。これに対し、ウェーバーは正当化を支配システムに対する被支配者の「正当性信念」とする行為論を前提とする（＝下からの承認）。オッフェのいう行為論の否定（＝上からの調達）とウェーバーの行為論の前提（＝下からの承認）は本来相容れないはずである。

しかし、ウェーバーの「規律」論を読むとき、行為論を前提とするはずのウェーバーが行為論の前提を掘り崩す論理を展開しているのを見ることができる。ウェーバーの正当性概念は、「規律」

の議論を入れるとオッフェの「大衆の忠誠」の概念に似てくる。オッフェのいう〈下からの承認〉は「規律」によって〈上から〉創出することが可能となる。

ウェーバーによれば、

「規律」とは、特定の多数の人びとに一定の態度を仕込むこと（eingeübter Einstellung）によって、命令に対して、彼らから直ちに自動的かつ型どおりに服従が得られる可能性を指す。（Weber［1921-2］1972：28；浜島訳：161；清水訳：86；中野 1993：119）

「規律」という概念は、無批判で無抵抗な大衆の服従が「仕込まれていること（Eingeübtheit）」を含む。（Weber［1921-2］1972：29；浜島訳：162）(4)

ウェーバーの「批判や抵抗のない大衆的服従の習慣」としての「規律」は、オッフェのアパシー的服従を前提とする「大衆の忠誠」と似ているが、次の点で異なる。「大衆の忠誠の調達」では大衆は上から忠誠を調達される客体であり、もっぱら受動的な存在だ。たしかにウェーバーのいう「規律」においても大衆は人為的な訓練を受けることでその内面の中に「義務」と「良心性」への志向を仕込まれる。しかし、規律によって仕込まれた「義務」と「良心性」への志向は大衆の内面において駆動をはじめ、大衆の行為を駆り立てることをウェーバーは強調する。大衆は精神的な衝動力を持っているのだ（Weber［1921-2］1972：682/世良訳 1962：504-5）。

熱狂やひたすらなる献身は規律の中で役割を果たす。近代的な戦争指導は、軍隊の戦闘力における「道徳的」要素を何にもまして重視し、あらゆる種類の情緒的手段を利用している。戦時中の日本でやたらと大和魂や武士道が鼓舞されたのを思い出せばよいだろう。

しかし、社会学的に決定的であるのは、規律においては、このような非合理的・情緒的な諸要素をも含む一切が、鉱石層の産出量を計算するのとまったく同様に、合理的に「計算される」ことである。このような規律の起源としてウェーバーは軍隊と経済的大経営をあげた。

ウェーバーの規律論においては、大衆の非合理的・情緒的・精神的な衝動力は「調教」を受けることにより義務と良心性という「倫理的資質」と化す。この倫理があるときこそ規律は成立する。そこでは倫理や道徳もまた合理的に計算される。

このようなウェーバーの議論から次のような論理が組み立てられる。大衆を「規律」し、一定の福祉サービスを公的に支えるべきだという「義務」と「良心性」への志向性を仕込むことによって、その福祉サービスを行うことが可能になる。そこでは大衆の「義務」と「良心性」への志向性もまた合理的に計算される。このようにして大衆の道徳的「規律」によって公的な老人介護制度は成り立つという論理である。

以上のような「規律と福祉国家」の論理を成立させうる議論はあるだろうか。この論理を補助しうる議論をみてみよう。

ここでは、規律の起源のうち、ウェーバーが「規律一般の母胎」とよんだ軍隊にまず焦点を当てる。

3・2 戦争と社会政策

上記のような「規律と福祉国家」に関する論理が成り立つかどうかを、R・M・ティトマスの「戦争と社会政策」の議論の検討をつうじて考えてみよう。

ティトマスはウェーバーの規律論をもとに、戦争が社会政策を生み出すと論じた。ただしティトマスはウェーバーの「軍隊の規律からすべての規律が生まれる」という議論は職業軍人に関する議論だとし、全市民の参加を必要とした一九三九年のイギリスの戦争にあてはめるには修正が必要だとした。

ティトマスによればウェーバーの規律は職業軍人を想定し、人口のごく一部に完璧な行動を要求するという貴族主義的な構造を持つ。ウェーバーはこれを戦士共産主義として描いた。しかし、職業軍人だけでなく全市民の全面的協力を必要とするようになった現代戦では、貴族主義とはまったく違った形での規律が必要である。大衆の協力のために不平等は排除されねばならない。

「現代戦の遂行には社会的規律の飛躍的前進が前提とされ課題とされる。のみならずその規律は社会の不平等が限界を超えない限り——またその限りにおいてのみ——維持される。」

「一九三九年の戦争でイギリス市民が自らの力を引き出したのは、外からの命令よりもむしろ内面からである。」

「不平等を排除しようとする多くの社会的規則がイギリスで受け入れられたのも戦争がそれを必要としたからであり、……やがて単に戦争の間のみならず、平時にあっても、そうした社会的規則が社会政策の目的や内容を左右するようになった。[5]」

「大衆の協力が不可欠であると考えられるなら、不平等は縮小されねばならないし、社会階層のピラミッドは平坦化されねばならない。」（Titmuss 1976：84-6/76-7）

ここでティトマスが指摘したのは、現代戦の登場で、ウェーバーの規律のメカニズムが及ぶ範囲が職業軍人から全国民へと拡大したということである。ウェーバーは戦士共産主義について、規律と全戦士の身分的平等の維持のために半共産主義が実施されたと述べている（Weber［1921-2］1972：769/世良訳 1964：186）。

戦争の規律の維持のため、戦争に参加するメンバーの平等が必要とされることはウェーバーも既に指摘していた。ティトマスが規律と平等の間に新たな関係を見いだしたのではない。ティトマスが指摘したのは、戦争の担い手が職業軍人から全国民へ拡大する「全国民の戦士化」現象であり、全国民が戦士化することで戦士共産主義は新たな広がりを持つという議論を行ったのである。

ティトマスの新しい点は、このような戦士共産主義が、戦争が終わった平時においても影響力を持つと主張する点である。戦時に限らず、平時においても国家への大衆の協力が不可欠である場合には、大衆の参加を駆り立てるために、不平等の排除が要請されるとティトマスは主張する。

ここで、さきほどウェーバーの規律論をもとに立てておいた、大衆を道徳的に「規律」することによって公的な老人介護制度が成り立つという論理について考えてみよう。

ここでのイギリス国民は、規律によって一定の福祉サービスを公的に支えるべきだという「義務」と「良心性」への志向性を仕込まれたといえるだろうか。

国家が規律によって国民に仕込むことをめざすのは、戦争への全面的な参加あるいは平時における大衆の協力を駆り立てる「義務」と「良心性」である。このような規律が成立するための前提条件としてのみ不平等の排除はある。規律されるべき道徳的内容は、国民の全面的な参加と協力を駆り立てる「義務」と「良心性」であって、不平等の排除ではない。

ティトマスの議論は、国民の全面的な参加と協力を駆り立てるためには、不平等を排除する社会政策が必要であるというものであった。

しかし、私はこれを次のように読みかえたい。最終目標は国民の全面的な参加と協力を駆り立てることである。不平等の排除はその目標にいたる手段でしかない。手段はなんでもよく、ティトマスのように不平等の排除に限る必要はない。要は、国民の全面的な参加と協力を駆り立てる内容をもつ社会政策であれば、その社会政策は根拠づけうる。国民の全面的な参加と協力を駆り立てるかどうかが、ある社会政策を行うべきかいなかの規準となる。

たとえば介護されるべき老人が独居している場合、この老人に介護サービスを公的に提供することが不平等の排除といえるかどうかははっきりしないが、国民の全面的な参加と協力を駆り立てることになるなら、社会政策として行うことができる。

では、このサービスは、国民の戦争への全面的な参加あるいは平時における大衆の協力を駆り立てるだろうか。老いた母と一緒に暮らしている一人息子が兵隊にとられたとしよう。もし自分が死んで母親が一人になり独居老人になっても、その面倒は国家がみてくれるというなら、息子は後顧の憂いなく戦うことができる。この場合、独居老人への介護サービスは、兵士の戦争への全面的参加を駆り立てることができそうである。

では、もともと他に身寄りのない老人夫婦はどうか。ある一時点だけをみると、国家に全面的に参加・協力することが可能な（上の例の息子のような）身寄りがいない老人の面倒を国家がみることとは、国家にとって負担になるだけで、国民の全面的な参加と協力を駆り立てることにはつながらない。

ただし、時間軸を入れ、未来をわれわれが知ることができないという条件を加えることがもしできるなら、状況は変わる。自分に子供や甥や姪もない場合、将来自分が介護される独居老人になる可能性は完全には否定できない。このとき、将来は国家によって介護されることが保証されているなら、このとき国民は国家に対し全面的な参加と協力を惜しまないかもしれない。

だが、この場合には未来をわれわれが知ることができないという条件が前提だ。実際には、後のロールズの議論の検討のところで述べるように、自分の体質をわれわれは知っているから、自分が将来介護されるかどうかのリスクをわれわれはある程度知っている。未来の不可知という条件は完全には満たされない。

よって、身寄りのない老人へ公的に介護サービスを行うことが、国民の全面的な参加と協力を駆り立てることにつながるかどうかは明らかでない。

独居老人への公的介護サービスを根拠づけるには、サービスが国民の全面的な参加と協力を駆り立て国民動員につながることを証明しなければならないが、それは困難である。

3・3　経営団体としての国家の合理化

では、ウェーバーが規律の第二の起源としてあげた経済的大経営ではどのような根拠づけが可能か。

ウェーバーによれば、近代的・資本主義的作業場経営では、経営規律は完全に合理的な基礎に基づいていて、最善の収益をあげるため、物的生産手段だけでなく労働者をも計算する。この原則にもとづいた労働量の合理的な調教が最も進んでいるのが、アメリカ式の「科学的管理」方式である。人間の精神と肉体は、道具や機械からの要求に完全に適応させられ、人間自身の有機的なリズムは剥ぎ取られる。労働力はこうして最も無駄のない形で効率化される（Weber［1921-2］1972：686/世良訳 1962：522)。

この合理化過程は経済的経営だけでなく、国家的官僚装置においても進行する。国家も経営団体であるから（Weber［1921-2］1972：28/浜島訳：160；世良訳 1960：14）、「経営団体としての国家の合理化」という視点が設定できる。

国家を経営団体としてとらえるとき、福祉国家の根拠は、諸国家間の闘争が行われる国際社会において国家が勝ち抜いていくことに求められる。国家が国家間闘争を経済的に勝ち抜いていくためには、国家は市場の効率性を高めることを求められる。ここに福祉国家は効率性を高めるために必要であるという議論が位置づけられる。

たとえば経済学者のN・バーは福祉国家が新自由主義のいうように経済の効率性を低めるのではなく、市場の失敗を是正することにより効率性をむしろ高めるという議論を展開する（Barr 1993：432-3；Pierson 1991：訳 306；広井 1999：110-1）。

この視点は、福祉国家サービスは、結果的に市場の効率性を高めるから、行うべきだという主張である。たとえば老齢年金はこの視点から根拠づけうる。老齢年金は、年老いて効率の悪い労働者の排除を可能にする。エスピン・アンデルセンもいうように、老齢年金などの公的社会保険は労働力の商品化の論理と妥協できる。「老齢年金の導入は労働市場をより柔軟なものにする手段だと産業界から見なされるようにさえなった。なぜなら、経営者は年金制度があれば、より簡単に他人の費用で、年老いて効率の悪い労働者を排除できるからだ」（Esping-Andersen 1990：43/49）。

しかし、ここで行われる福祉国家サービスはあくまで効率性を高めるものでなければならない。市場の効率性を高めないと判断された福祉国家サービスは、それを実施する根拠を失う。

本書で焦点を当てている公的な老人介護制度においては、福祉国家サービスが効率性を高めるかどうかははっきりしない。本章の1節で検討したように、介護サービスの実施によって家に閉じこもっている良質な労働力が労働市場に出まわるなら、効率性を高めるといえるかもしれない[6]。また、老後には安心して福祉国家による介護サービスが得られるなら、国民は、経営団体としての国家の構成員として、仕事に励むことになり、効率性を高めることになるかもしれない。

いずれにせよ、国家による公的な老人介護が市場の効率性を高めることを証明しない限り、公的な老人介護を根拠づけることはできない。そしてその証明は簡単ではない。

また、福祉国家は効率性を高めるために必要だという議論は、M・フーコーのいう〈規律〉の国家化による「生産」への道徳という論理を駆動させうるものだ。

フーコーは、「生命を経営・管理し、増大させ、増殖させ、生命に対して厳密な管理統制と全体的な調整とを及ぼそうと企てる権力」が今日の社会を覆っているとした。この「生―権力」は、出生率、長寿、公衆衛生などを政治経済上の問題とみなし、身体の行政管理と生の勘定高い経営をめざす。「生―権力」が働く場では「生きているものを価値と有用性の領域に配分することが問題となる」(Foucault 1976 : 180, 184, 189/173, 177, 182)。

このフーコーの議論からは、生きている老人に価値と有用性がもはやないと判断された場合、「生―権力」はその老人を「死の中へ廃棄する」ことになろう。フーコーはもう一方で〈死への権利〉を唱えたが(フーコー・渡辺 1978 : 165)、これは市野川容孝も指摘するとおりいかにも不注意であった。「生―権力は、ある人の生命が他人の生命（＝生活）にとって大きな負担や危険となるとき、その生命を死の中に躊躇なく投げ捨てるのである。フーコーが十分に論じなかったのは、そうした死への廃棄がまさに個人の権利や自由や自己決定という回路を経て遂行されうるということ、つまり生―権力が『規律訓育』という形を取りうるということだ。……不治の患者が自ら命を絶つことは、単にその人の『権利』であるばかりでなく、一種の社会的『義務』として立ち現れてくる」（市野川 1997：239）。

福祉国家は効率性を高めるため必要だという論理をつきつめていくと、労働力になりえないと判断された老人は自らを「死の中へ廃棄する」よう〈規律〉されるべきだという考えに行きつきうる。以上からつぎのことが再び確認された。すなわち、「経営団体としての国家の合理化」という視点から、公的な老人介護制度のすべてを根拠づけることは困難である。

以上の説明はマルクス経済学のJ・オコンナーの国家支出の分析カテゴリーによっても補強される。

オコンナーによれば、資本主義国家は二つの基礎的な、かつ、しばしば相互に矛盾する機能である「蓄積と正当化」を遂行するよう試みざるをえない。「国家は、利潤を獲得しうる資本蓄積が可能となる条件を維持し、あるいは、創りだすよう試みざるをえない。しかしながら、国家はまた、社会的調和のための諸条件を維持し、または、創りだすよう試みざるをえない」（O'Connor 1973：訳 10）。

国家支出は、以上の二つの機能に照応した二重の性格、すなわち社会資本と社会的損費をもつ。社会資本は利潤を獲得しうる私的な蓄積によって必要とされる経費である。それは間接的に生産的である。社会資本には社会的投資と社会的消費の二種類がある。一方、社会的損費の特徴は間接的にさえ生産的ではない。全体として、国家支出は次のようなカテゴリーに区別される。

1　社会資本

(1)社会的投資、即ち、労働生産性の向上のためのプロジェクトとサービス

(2)社会的消費、即ち、労働力の再生産費を低下するためのプロジェクトとサービス

2　社会的損費、即ち、社会的調和を維持し、国家の正統化機能を達成するためのプロジェクトとサービス（訳 11：Gough 1979：訳 87-8）

以前かかげたオッフェの図1は、オコンナーのいう二つの矛盾する「蓄積と正統化」機能と基本的発想は同じだ。オッフェの図の左側の経済システムへの「規制サーヴィス」は社会資本に、右側の規範システムへの「福祉国家サーヴィス」は社会的損費にあたる。(7)

以上のオコンナーのカテゴリーを用いて、前章でのスウェーデンの児童福祉と老人福祉の関係を説明することもできる。児童福祉は、労働力の再生産費を低下しうるから社会的消費となりえ、生産的である社会資本になりうる。一方、再び労働力になりうる可能性を失ったと判断された老人へ

の介護福祉にも、生産的である社会資本としての面はありうるだろうし、現にそのような議論もなされつつある。[8] しかし、老人への介護福祉には間接的にさえ生産的ではない社会的損費でしかありえない部分がどうしても残るだろう。このような老人介護への国家支出が社会的損費でしかありえない状況では、効率性や生産性によって老人介護を根拠づけることはできない。

4　功利主義批判——正義論と人格崇拝

3節までで、国家による公的な老人介護の根拠は、（1）国家への全面的な参加と協力へと国民を駆り立てる、あるいは（2）市場の効率性や生産性に寄与するのいずれかに求められた。そしてこれらの根拠が成立するためには、介護サービスが（1）や（2）という効果をもたらすことを証明しなければならず、その証明は容易ではないことを確認した。

本節では、社会的損費にしかなりえない老人介護への国家支出を正当化するために、効率性や生産性を根拠として持ち出さない、福祉国家の根拠づけの議論をみていくことにしよう。

以下では、J・ロールズの一種の保険の議論とE・デュルケムの人格崇拝の議論を検討する。この両者を比較した議論は管見の限りないが、両者の議論には一定の共通点がある。両者はいずれも、経済的な利益だけを追求する人間像を否定し、功利主義を批判した。これらの議論から、社会的損費にしかなりえない老人介護への国家支出を正当化する論理をくみ出すことを以下で試みたい。

4・1　保険と未来の不可知

まず、ロールズの議論を検討しよう。現代の福祉国家の根拠づけとしてよく言及されるからだ。ロールズの議論は保険の議論だとよく指摘される。(9) それは彼が『正義論』等で用いた「無知のヴェール」という仮想条件のためである。それを『正義論』によりつつ確認しよう。ロールズはまず「社会正義の諸原理」を次のように定義する。

人々は、自分の目的の追求のため、少ない取り分よりも多い取り分を好むから、共同作業により産み出されるより多くの利益がどう分配されるかについて無関心ではない。そのため利害の対立がある。この利益の分配を決めているさまざまな社会的な取り決めの中から一定のものを選び出し、適切な分配の取り分についての取り決めに合意するためには、一組の原理が必要である。これらの原理が社会正義の諸原理である。(Rawls［1971］1973：4/4)

この社会正義の諸原理が議論され選択される場として、ロールズは「原初状態」すなわち「そこで得られる基礎的な合意が公正であることを保証してくれる、適切な初期現状」を設定する (Rawls［1971］1973：17/13；川本 1997：129)。「原初状態」とは、いわば「社会生活というゲームを開始する前にその基本ルールをプレーヤー全員で協議・採択する場」だ (川本 1997：288；Rawls［1971］1973：525-7/411-3)。

原初状態の最大の特徴は「無知のヴェール」をかぶることで誰も自分が誰なのかを知らない点だ。ちょうどプレーヤーがゲームを始める前にはどんなカードを手にするかが分からないように。

誰も社会の中での自分の境遇や階級上の地位、社会的身分を知らないだけでなく、親から受け取る資産や生まれつきの諸能力、知性、体力その他の分配が自分の場合どれほど恵まれているのかも知らされていない。（Rawls［1971］1973：137/105-6：川本 1997：289）

これは正義の諸原理の選択において、「人々を争わせ偏見に導かれることを許すような偶然性についての知識を排除する」ためだ。

たとえば、ある人が自分は裕福であることを知っているなら、福祉政策のための様々な課税は不正義だという原理を提案するのが合理的だと思うかもしれない。ある人が自分が貧しいことを知っているなら、その反対の原理を提案するだろう。（Rawls［1971］1973：18-9/14）

正義の諸原理の選択において「望ましい」制約を課すため、「無知のヴェール」によりこの種の情報を奪うわけだ。

正義の諸原理を選択するプレーヤーは、「無知のヴェール」をかけられた結果、未来のことを知ることができなくなる。未来の不可知が、正義の諸原理の選択という契約が成立するための条件になる。

一方、保険という契約をわれわれが結ぶのは、未来についてわれわれが知ることができないからである。未来の不可知は、保険契約が成立するための条件でもある。

つまり、ロールズの論理と保険の論理はほぼ同じだ。両者の違いは、契約を成立させる条件の「未来の不可知」の中身の違いにある。「未来の不可知」は、保険では様々な割合の危険率として予測されるのに対し、ロールズの議論では「無知のヴェール」により情報ゼロという完璧な形で仮想的に作り出される。自分が痴呆老人になる危険率は、保険契約では存在している。だからこそ、保険料が計算でき保険が契約として成立する。しかし、ロールズの「無知のヴェール」をかぶるとき、自分は痴呆老人になるかどうかはまったくわからないのだ。

この「無知のヴェール」のもとで次のような正義の二原理が選択される。

【第一原理】各人は、基本的自由に対する平等の権利を持つべきである。その基本的自由は、他の人びとの同様な自由と両立しうる限りにおいて、最大限広範囲にわたる自由でなければならない。（Rawls［1971］1973：60；川本 1997：132–3）

【第二原理】社会的・経済的不平等は、次の二条件を満たすものでなければならない。

（1）それらの不平等が最も不遇な立場にある人の利益を最大化すること。

（2）公正な機会の均等という条件のもとで、すべての人に開かれている職務や地位に付随するものでしかないこと。（Rawls［1971］1973：83；川本 1997：134）

第二原理の（1）が「格差原理」であり、本論の文脈で問題となるものである。[10] われわれがこの原理を選択し、介護を必要とする老人やその介護を担う家族は「最も不遇な立場にある人」であるとする契約を結ぶなら、われわれはその人びとの利益を最大化しなければならない。

この契約が可能になるのは、われわれが「無知のヴェール」を被せられることで、われわれが将来「介護を必要とする老人やその家族」になるかどうかまったくわからないためだ。「無知のヴェール」は、「介護を必要とする老人やその家族」になる危険率がいくらなのかという情報をわれわれから奪う。そのおかげで、介護に対する保険にも似た正義の二原理をわれわれは選択できるわけである。

4・2　無知のヴェールの問題

問題は「無知のヴェール」があくまで仮想上のものであり実際にはありえない点にある。

第一に、われわれは実際には〈知っている〉場合がある。そのとき起こるのが経済学で「逆選択」とよばれる問題だ。保険市場でリスクの異なる者（たとえば、健康な人と病気がちの人）がいるが、保険会社は一人一人のリスクを正確に把握できないという状況を考えよう。保険会社は加入者の平均的なリスクに応じた一律の保険料を設定する。するとリスクの低い加入者は、自分は自己のリスク以上の保険料を負担していると感じ、割高な保険料を不服として保険契約に加入しなくなる。低リスクの者が去ると、保険会社はその分保険料を高く設定せざるを得なくなる。これによって再び低リスク者がさらに抜けるという悪循環となり、結局保険市場そのものが成立しなくなる（広井1999：107-8；八田 1996：85-6；Barr 1993：118-21）[11]。

八田は介護保険には逆選択が強く働くことを指摘し、それを根拠に介護保険を公的に提供すべきであるとする。

> 健康保険や介護保険、あるいは年金の場合には逆選択がとくに強くでる。たとえば火災や盗難や事故と比べて、医療・介護・長命のリスクは、個々人で大きく異なっている。個人の体質にかなり依存しているからである。しかも、その個々人の異なったリスクを当人や家族ははっきりと認識できるが、保険会社にとっては識別するのが難しいという事情がある。このため、……逆選択をさけるのが難しくなる。
>
> ……
>
> したがって、少なくとも最低限のこれらの保険サービスにかんしては、国民全体を一つのグループとして加入させることにより逆選択の問題を防ぐことには意義がある。これが、分配中立的な健康保険や介護保険、年金を公的に提供すべき理由である。（八田 1996：87-8）[12]

八田によれば、介護保険では「無知のヴェール」は破られざるをえない。われわれは介護についての危険率を〈知っている〉。そのためわれわれは、自分は介護リスクが低いと判断すれば介護保険から退出することができる（逆選択）。この逆選択を防ぐために、「国民全体を一つのグループとして加入させる」ことに意義があると八田は指摘する。

しかし、なぜ「国民全体を一つのグループとして加入させる」ことができるのか。そこには、立岩真也もいうように「私的保険ではなく全員を加入させる政治的決定とすることの困難」がある。「この困難は社会契約論的な論理構成をとる論一般に見られる」（立岩 1997：282）。

このことは、「無知のヴェール」の第二の問題と関係する。「無知のヴェール」は、社会正義の諸原理を選択する原初状態において、われわれが実際には様々な価値観を持った多様な存在であることを否定する。ロールズによれば、「無知のヴェール」をかぶったわれわれは原初状態において〈一人〉の人間になるのである。(13)

当事者間の差異は彼らに知られていず、全員が等しく合理的で、同様な状況にあるため、各人は同じ論拠にもとづいて確信することは明らかである。よって、われわれは原初状態での選択を、ランダムに選ばれた一人の人間の視点から見ることができる。（「24・無知のヴェール」Rawls［1971］1973：139/107）

この〈一人〉はすべての人の本体的自我であり、正義の諸原理を選択する。[14] ある共同体の構成員は「自由にして平等な道徳人としての自我の本性」を共にしており、全員一致の合意は「社会的連合の構成員として共同体（community）の諸価値を追求する人間像」を必要とする。[15]

全員が〈一人〉であれば、全員の合意――合意といえるかどうかは疑問だが――を得るのはたやすいだろう。国民全体が〈一人〉であるなら、国民全体を一つのグループとし介護保険に加入させることに、〈一人〉である国民全体から同意を取ることはそれほど難しくはあるまい。

このように正義の諸原理の選択において国民全員が一致し、国民が〈一人〉になりうるためには、ロールズはある条件が必要であるとした。その条件とは、共同体の構成員の全員が「自由にして平等な道徳人としての自我の本性」を共にし、「社会的連合の構成員として共同体の諸価値を追求する人間」となることだった。では、全員一致にいたる前提となる社会的連合や共同体の存在をどのようにロールズは位置づけているのだろうか。

4・3　共同体と社会的連合

共同体については、ロールズは何よりも明晰さのために、共同体という定義されていない概念に頼りたくないとする。また有機的社会論も採用しない。社会がその構成員全員の生活と区別され、それに優越する自らの生命を持つ有機的全体であると想定したくないという（264/207）。個人を超越する集合的主体としての社会をロールズは認めない。この点でロールズはデュルケムと異なる。

デュルケムは集合的主体がそれを構成する諸個人の総量とは異なった独自の道徳的価値を有するという立場をとる（Durkheim［1924］1974：70/74）。

だが一方で、ロールズの「社会的連合」は、利己主義的、功利主義的な人間像を否定する点でデュルケムの「有機的連帯」に似る。

ロールズの「社会的連合」は「私的社会」の考え方と対立する。「私的社会」とは自分の取り分を最大にする最も効率的な図式を誰もが選好するという社会の見方であり、彼はこの見方を否定する。

「私的社会」では、第一に人々はたがいに競合する私的目的を持ち、第二に制度はそれ自体では価値はないとされる。こうして人々は社会的取り決めを自分の私的目的のための単なる手段とみなす。競争市場の理論はこの種の「私的社会」をパラダイムとして叙述したものだ。この社会の構成員は正義の原理に従って行動するという欲求をもたない（Rawls［1971］1973：521-2/409；塩野谷1984：434-5)。

対照的に「社会的連合」では、人々は最終的な目的を共有し、共通の制度や活動をそれ自身望ましいものとみなす。われわれはお互いをパートナーとして必要とし、他人の成功と喜びは自分たちの福祉のために必要な補完物となる。だれも自分であらゆることをするわけにはいかない。人々は自分がどの能力を伸ばし、どの関心を推し進めるかを選ばなければならない。オーケストラが「社会的連合」のいい例である。演奏で楽団員全員の力を出し切るために、それぞれの楽団員は選択した一つの楽器の技巧を完璧に身につけようとする（Rawls［1971］1973：522-4/410，459：塩野谷1984：435）。

このようなロールズの「社会的連合」にはデュルケムの『社会分業論』と同じ論理の流れが見られる。分業が他者への依存を通じて連帯を生みだしうるという、分業の評価において両者は近い。デュルケムの『社会分業論』によれば、「分業によってこそ、個人が社会にたいする自己の依存状態を再び意識」し、「分業からこそ個人を抑制し服従させる力が生ずる」。分業による専門化の推進によって、人々は社会にますます依存するようになり、そこから有機的連帯が生まれる。「分業は社会的連帯のすぐれた源泉となるから、同時に道徳的秩序の基礎ともなる」（Durkheim［1893］1978：396/田原訳：384：井伊訳：下265）。

同様にロールズも、分業による専門化が進めば人々は他人に依存せざるを得ないことを指摘する（Rawls［1971］1973：529/414）。次のようなロールズの語りの中にはデュルケムの反響が聞こえないだろうか。

社会の集合的活動、すなわち多くのアソシエーションとそれらを規制する最も大きな共同体の公共生活は、われわれの努力を支え、われわれの貢献を引き出す。だが、共通の文化から得られる善は、われわれが単なる破片であることをやめるという意味で、われわれの労働をはるかに超える。われわれが直接実現するわれわれの一部は、われわれがその目的を認める、より広い、正

義にかなう取り決めに結びつけられる。(529/414)

われわれが多様な職業に特化し、専門化することで、われわれはいっそう社会や他人に依存するようになる。それが道徳的秩序の基礎(デュルケム)となり、われわれが単なる破片であることをやめ、より広い、正義にかなう取り決めに結びつけられる(ロールズ)ことにつながるのである。

4・4 人格崇拝と正義の諸原理

ロールズとデュルケムの共通点は以上の論理の流れだけではない。ロールズによる多様な善に対する正義の位置づけも、デュルケムによる個人の多様性に対する人格崇拝の位置づけと同じ構造をもつ。

ロールズは個々人が何を自分にとって善だと考えるかについて意見が大いに違うことはよいことだとした。個々人が多様な人生計画をもつことはよい。しかし、多様な善の追求を可能にする基盤である正義の諸原理は、多様ではありえない。正義の諸原理は、それによって人々が相対立する要求の間に最終的な順序づけをしうるものでなければならないからだ(447-8/349-50)。多様な善を支える正義は、すべての人の視点からみて同一であると証明しうる(identifiable)ものでなければならない。個人が多様化した後で唯一共有できるものが正義の諸原理だとロールズはいう。

デュルケムの人格崇拝は、ロールズの正義の諸原理と同じ位置にある。デュルケムは、ドレフュス事件に際して発表した論文「知識人と個人」において、個人の多様性から人格崇拝を根拠づける。個人の多様性が増し、良心の内容が人によって異なる時代には、「人である」こと以外にわれわれは何の共通点をもたない。「人格」という観念が、変化しやすい個々の意見の奔流のうえで、保持でき、変わらず、非個人的である唯一のものとなる（Durkheim［1898］1970：271/小関訳：45-6；佐々木・中嶋訳：214）。[16]

多様な人生を追求するわれわれが唯一共有できるのは、その多様さを保証する「正義の諸原理」であり「人格崇拝」である。ここにもロールズとデュルケムの論理の共通性がある。

以上のロールズとデュルケムの論理構造の比較から次のことが考えられる。

両者の共通点は、個人の分業による専門化が進むことで、個人は他者に依存するようになるため、連帯なり社会的連合が生じるという論理構造をもつ点だ。他者への依存により連帯が生じる。

しかし、これだけなら次のような反論が可能だ。分業の一端を担えなくなっている痴呆老人に対して、われわれが依存しているといえるのか。依存しているのは彼らの方であり、われわれではないのではないか。オーケストラの例でいえば、彼らは既に楽器を弾けなくなっているのであり、楽器を弾いているわれわれの足を引っぱっているだけではないのか。

ある痴呆老人がいるというだけで家族が感情的に安定することができるので、その老人はある成果を生み出しているという人がいるかもしれない。ではしかし、まったくの孤独のうちに暮らしている痴呆老人である場合、誰もその老人に対して情緒的にも依存していないような場合は、まったく何の成果をも生み出していないということになるのではないか。

このような反論に対して、聖なるものを持ち出さないロールズの場合、何の成果も生み出さない老人に、なぜ正義の諸原理を働かせる必要があるのかは不明だ。ロールズは聖なるものを語ることはしないし、[17]われわれすべての人間の中に、正義の諸原理が既にあるという論理構成はしていない。ロールズの論理の中では、正義の諸原理は（われわれにとって共有可能であるものの）あくまでわれわれの外部にある。われわれはあくまで原初状態における契約によって、はじめて正義の諸原理を獲得する。その契約の当事者になれるのは、だれかから依存されうる存在である。しかし、だれかから依存されうる存在に、孤独のうちに生きる痴呆老人がなれるとは考えにくい。

だが、デュルケムのいう「聖なるもの」の論理によれば、このような老人の中にも、犯してはならない「聖なるもの」が見いだされる。なにかを「する」ことで人は「聖なるもの」を獲得するのではなく、「聖なるもの」はこの世に「ある」人の中に既に宿っている。楽器も弾けず、誰かに依存されるという成果も生み出せない痴呆老人も、人で「ある」以上、「聖なる」存在なのである。ある個人がもつすぐれた個性や能力が「聖なるもの」ではない。すべての個人の中に共通してある「人間性＝人であること」が「聖なるもの」なのである。聖なる人間性＝人格は、地球全体に広がる大洋のように、すべての個人の中に広がっている。[18]

もちろん、これは一種の観念にすぎない。人はもともと聖なる存在ではない。人間を解剖すればどこかから「聖なるもの」がでてくるわけではない。一人一人の人に「聖なるもの」があるという観念を作り出すのは、あくまでわれわれであり、社会である（Durkheim［1924］1974：105-6/100-1）。

ではなぜわれわれの社会は、すべての人に「聖なる人格」があるという人格崇拝の観念をつくりだす必要があるのか。われわれの社会は常に何かしら目指すべき共同の目的を必要とするが、社会はますます複雑化し、分業が進み、個人の趣味や嗜好や目的も多様化しつつある。もはやわれわれは人間であること以外に何の共通点も持ちえない。人格は、すべての人の心に訴えうる唯一のものとなり、われわれが共同して追求できる唯一の目的となっているから、人格に一種異常な価値をわれわれは与えざるをえない。こうして人格はすべての目的の上におかれるようになり、聖なる性格を帯びる（Durkheim［1897］1960：381-2/425）。

人格崇拝のもとでは、老人は、労働力の再生産や国民動員や国家・市場の効率化に対して何の成果も生み出さなくても、何らかの人間性をもつかぎり「聖なるもの」であるとみなしうる。聖なるものへの儀礼として、老人の介護を公的財源により行うことが可能となる。

4・5　潜在的能力

さきにみたロールズとデュルケムに共通する論理構造に対する反論は、成果主義すなわち任意の個人が生み出す分業の成果のみに注目する主義を取ることに対して、出てくるものであった。問題は成果だけに注目すればよいのかという点にある。成果だけに注目するのではなく、成果を生み出しうる潜在的能力に注目する視点からはまた違った根拠付けもありうる。たとえば政治哲学者のC・テイラーは、成果ではなく、潜在的能力（それ自体）に保護を及ぼすという議論を行っている。

> カントにとっては、我々の内にあって尊敬を命じるものは、諸格率によって自らの生を導く能力を持つ、理性的主体としての我々の地位であった。……ここで価値があるものとして取り出されたものは、普遍的な人間の潜在的能力、すべての人間が分かち持つ能力である。人がこの潜在的能力を使って為すことではなく、この潜在的能力（それ自体）が、すべての人が尊敬に値することを保証するものである。実際、この潜在的能力の重要性についての我々の感覚は、次のようなところまで及ぶ。すなわち、ある状況がふりかかったために、自らの潜在的能力を正常な仕方では現実化できない人々——たとえば、障害者、あるいは昏睡状態にある人々——にまでも、我々はこの保護を及ぼすのである。（Taylor 1994：41–2/58–9 強調原文）

この論理によれば、老人が生み出す分業の成果ではなく、分業の成果を生み出しうる老人の潜在的能力それ自体にわれわれは保護を及ぼすことになる。

しかし、その潜在的能力の存在すらも否定されてしまう局面があるのではないか。潜在的能力すらも否定された人は放置してよいのか。あるいはこういってもよい。潜在的能力すらも否定される人に対してわれわれが保護を及ぼしているとしたら、なぜわれわれはそうせざるをえないのか。そこで出てくるのはデュルケムの「聖なる存在」である。潜在的能力すらも否定された老人でも、生命のある限りは何らかの人間性をもち「聖なる存在」であるとみなされるなら、「聖なる存在」である老人の介護を公的財源により行うことも可能となる。この点が、デュルケムの人格崇拝の論理のロールズやテイラーとの違いである。(19)

ロールズとデュルケムの共通部分であった分業の成果という論理には、効率性の論理がある。そこで前提とされていた人間像は、われわれが依存するに足るだけの分業の成果を生み出す人間だ。成果を生み出す他者にわれわれは依存している。それが道徳的秩序の基礎（デュルケム）となり、正義の諸原理の選択（ロールズ）となるという。しかし、成果を生み出す人間を前提とする限り、成果を生み出さない人間は切り捨てられうる。

テイラーの潜在的能力の議論も、成果を生み出しうる人間像を前提としている。成果を生み出す能力を、潜在的にはすべての人間が持っており、その能力が尊敬に値するという。ここで尊敬されるのは、あくまで成果を生み出しうる能力である。潜在的能力をすべての人間に認めるという前提をわれわれの感覚が拒否する場合、潜在的能力すらないとわれわれが感じた人間は切り捨てられうる。

いずれの論理も、（顕在的であれ潜在的であれ）成果を生み出す能力をもつ人間を前提とする。その意味では、効率性の論理だ。成果を生み出す能力を持たないと判断された老人は、公的介護の対

図2　老人介護の根拠——人格崇拝と効率性

象となりえない。

人格崇拝を根拠にしてはじめて、成果を生み出しえないと判断された老人にも、生命がある限り何らかの人間性を認め、国家による公的介護を行うことが可能になる[20]。

第一章では、児童福祉という「労働力の再生産」だけでなく、老人の介護という「他者の生命の生産・再生産」にまで福祉国家が乗り出す根拠はマルクス主義フェミニズムには見あたらないことを指摘した。男性支配という意味での「家父長制の廃絶」が根拠としてあげられていたが、それでは男性が介護する場合をすくい取ることができない点で問題がある。

以上のようなデュルケムの人格崇拝の論理の展開を行うなら、「労働力の再生産」だけでなく「他者の生命の再生産」にまで福祉国家が乗り出さねばならないことを根拠づけうる。

ただし、人の中の何が「人格」を形成すると考えるかによっては、人格崇拝の論理はまったく異なるものになりうる。分業における成果を生み出す潜在的能力を持つ人だけに「人格」があると考えるなら、その潜在的能力を失った老人は生命をもっていても「人格」を否定されうるのだ。潜在的能力をも失った老人に公的介護を行うには、老人に生命があるだけで老人の人格が認められ、それが「聖なるもの」と見なされなければならない。

4・6 「人格」崇拝と効率性の協働

だが、もう一方で人格崇拝の論理は逆にも使いうる。人格崇拝の論理は、老人の「人格」の尊重という論理のもとに、公的介護の打ち切りも可能にする。

老人介護の末期においては、ある時点で、医者も家族ももはや医療的な処置を施して延命することは無意味ではないかという判断に至る段階がくる場合があるだろう。その段階に達した後も、その老人は人格を持つ聖なる存在であるが故に、徹底した医療がなされなければならず、またその財源も公的に手当てしなければならないという議論が成り立ち得るだろうか。実際の現場では、医者や家族など介護のすべての従事者がもはややるべきことはすべてやったと感じた段階で、それ以上の医療を施さない「自然死」という選択がなされているのではないか。[21]

介護される老人が聖なる存在であるということと、老人介護のある時点で医療を打ち切るということは両立しうる。介護される老人は死に至るまで一貫して聖なる存在であると見なした場合でも、ある時点から「不自然な」医療を打ち切ることは、聖なる老人に対して「自然な」「尊厳ある」死を迎えることを可能にする。「不自然な」医療を打ち切ることは聖なる老人の「自然な」死への儀礼となる。

この「自然死」の儀礼は、市野川が批判したフーコーの〈死への権利〉の論理とどこが異なるだろうか。両者の違いは決断や儀礼を行う主体の違いでありうる。「自然死」の儀礼において老人が意識を失っている場合には、老人の「自然死」の儀礼の主宰者は老人自身ではなく、老人を取り巻く家族や医者などの人々である。老人が意識を持ち「自然死」を自ら希望する場合には、そこにはフーコーの〈死への権利〉の論理が立ち現れてくる。老人の「自然死」への決断が、老人の権利あるいは義務のどちらとして現れているのかわれわれはにわかに判断することはできない。

人格崇拝の論理は、老人の公的介護を根拠づけるとともに、使いようによっては介護の打ち切りも根拠づけうるのだ。このとき、人格崇拝の論理は効率性の論理に近づく。

また、介護される老人ではなく、老人の家族の人格を崇拝しなければならないという特殊な形で人格崇拝の論理を用いるなら、人格崇拝は国民動員や効率性の論理とも両立しうる。

老人の介護のために狭い家の中に閉じ込められている、まだ若い有為な人材の人格は崇拝されなければならない。彼らは狭い〈家の境界〉から解放されるべきである。そのためには老人の介護は国家という広い〈家の境界〉の中で共同して行うべきであるという論理を組み立てたとしよう。

このような論理で狭い家から解放された個人は、国家に全面的に動員されうるし、市場の効率性や生産性を高めるだけの「労働力」となりうる。

このとき、人格崇拝の論理は国民動員や効率性の論理と協働していく。

ただしここで崇拝されているのは老人の人格ではない。あくまで老人の家族のうち有用でありうる者の人格が崇拝されている。このとき、いわば老人には人格はない。老人に人格がない以上、老人の人格の崇拝を根拠にして老人の介護を根拠づけているのではない。ここでの人格崇拝の対象となる「人格」は国民動員や効率性に貢献しうる可能性をもつ人間にのみ認められているのだ。

そこから老人の人格の否定にむかい、老人の存在を否定し、老人の介護を放棄するという地点に向かうことは十分ありうる。

われわれがその地点に向かうことをとどまらせるものは何か。

この問題への手がかりをつかむために、第II部では、労働力になりえない老人に対しても徹底して介護サービスの整備をすすめたスウェーデンを取り上げ、そこで「国民の家」というレトリックが果たした思想的役割を歴史的に分析することにしよう。

注

(1) 本章では介護行為の経済的負担者の問題を扱う。介護行為の提供主体に関わる問題(介護を行う主体は家族、自治体、私企業、ボランティアのどのような組み合わせが望ましいかという問題)は扱わない。

(2) ある老人が再び労働力になりうる可能性を失ったという判断に我々はどのようにして至ることができるのかという問題は括弧に入れられる。我々はそのような判断にすでに達しているという仮定の上で本章は出発する。
　また公的な財源として社会保険と税のどちらが望ましいかという問題はここでは取り上げない。

(3) オッフェは「商品化」と対比される「脱商品化」概念を提出したが、この概念には、①商品形態から抜け落ち、商品化世界の外部に位置する領域を単に指す場合と、②商品化世界を維持するには、補助システムである国家制度や福祉国家政策が必然的に要請されるという含意がある場合がある。①の例としてOffe（1972：40，43/93，96）、②の例としてOffe（1984：285/111）など。

エスピン・アンデルセンが提唱した「脱商品化」概念は、ポランニーによっている。オッフェからの直接の引用はないものの、オッフェの②の意味に近い。労働力の商品化というシステムを存続させるためには、労働者が市場での単なる労働力商品としての立場から解放され、市場へ参加しなくても社会的に受け入れうる生活レベルを維持できるという「脱商品化」が必要だとする（Esping-Andersen 1990：37/41）。

（4） einiben は練習させ覚え込ませることである。「訓育」といってもよい。

（5） ただし福祉国家の起源として戦争のみを掲げることには疑問が呈されている。たとえば、Baldwin（1990）を参照。

（6） 公共経済学者の八田達夫は、このような議論を以下のように批判する。「『福祉は投資である』といわれる。たとえば公的介護が充実すると、主婦が老人介護から解放されて、労働市場に参加できる。福祉には、こういう投資的側面があるから、介護サービスの供給やそれへの補助を国が行うべきだというわけである。

しかしこれは、「電子レンジがあると主婦に時間ができ、労働市場に参加しやすくなる。だから、すべての主婦に電子レンジを国が買い与えるべきだ」というのに似ている。たしかに、電子レンジの購入には投資的側面がある。しかし、労働市場に参加したい主婦は、自分が稼いだ金で電子レンジを買えばすむのだから、国が買いあたえる必要はない。

同様に、福祉の充実によって主婦が介護労働から解放されて外で働いて、所得を得ることができるのであれば、儲かるのは主婦自身である。とすると、自分の収入をあてて介護サービスを買

えばいいのではないか。」（八田 1996：80）
ただし八田は、のちにみるように日本の介護保険は逆選択を防ぐから、資源配分を効率化するという。

(7) このように整理するなら「労働力の再生産」に貢献する児童福祉は、オッフェの図式では「福祉国家サーヴィス」ではなく、「規制サーヴィス」に相当する。

(8) 介護の社会化が経済浮揚につながるという西村（1996：231-2）などを参照。

(9) 広井（1999：119-21）、立岩（1997：280-5）を参照。

(10) 正義の二原理の構造については、図式化して説明している塩野谷（2002：71-4）がわかりやすい。

(11) また「逆選択」とは逆の「選択」も発生しうる。保険会社は、健康チェックや病歴の把握により高リスク者（でありかつ高リスクに見合う保険料を負担できない者）を見つけうる。この場合、保険会社は高リスク者の保険加入を拒否することができる（広井 1999：108-9）。この「選択」は米国では既に現実の問題として現れている（立岩 1997：283-5）。私が焦点をあてる介護の場合にも当然「選択」は発生しうる。

(12) 広井（1999：108-9）も同旨。

(13) 法哲学者の井上達夫は無知のヴェールのもとでは「選択主体が一人しか存在しないのと変わらない」と指摘する（井上 1986：178-9）。このロールズのレトリックへの批判については、Sandel（[1982] 1998：131-2/252-3）、Kukathas & Petit（1990：訳151-2）、塩野谷（1984：309）も参照。

(14) 「全員が同様に自由で合理的であるから、倫理的共和国の公共の原理の採用において、各人は平等な発言権を持たなければならない。これは、本体的自我として、あらゆる人がこれらの諸原理に同意することになっていることを意味する。……この全員一致の合意が単一の自我でさえもその本性（nature）を最もよく表現するという明確な意味を私は後で定義しよう（§85）。選択の集合的性質が暗示しそうにみえるように、それが一人の人間の利益を踏みにじることは決してない。」（「40．公正としての正義のカント的解釈」Rawls［1971］1973：257/198-9）

（15）「自由にして平等な道徳人としての自我の本性はすべての人にとって同じであり、合理的計画の基本形態における類似性はこの事実を示している。……ある共同体の構成員たちはお互いの本性を共にする。我々は他の人々がすることを、我々がやったかもしれないが彼らが我々のためにすることとして評価し、我々のすることは同様に彼らのためになされる。自我は多くの自我の活動の中で実現されるので、すべての人によって同意されるような諸原理にかなう正義の諸関係は、各人の本性を表すのに最も適している。結局そこで、全員一致の合意の必要条件は、ある社会的連合の構成員として共同体（community）の諸価値を追求する人間像と結びつく。」（「85．自我の一致」Rawls［1971］1973：565/440）

（16）デュルケムは「知識人と個人」の執筆当時には、ドレフュス事件の再審を請求する「人権同盟」に加わっていた。文芸批評家ブリュヌティエールは、ドレフュス事件の再審請求派の知識人を批判し、軍隊の存立に不可欠な規律と両立しないとして個人主義を攻撃した。これにデュルケムは論文「知識人と個人」によって反駁する。ブリュヌティエールの個人主義への攻撃は功利的個人主義への攻撃にすぎない。功利的個人主義とは根本的に異なる「個人主義」がある。それは人格崇拝であり今後の社会連帯の唯一の基盤になるとデュルケムは主張した（Durkheim 1970：256-8/佐々木・中嶋訳：200-2；作田 1983：117-9）。既に『社会分業論』や『自殺論』で、今後は人格崇拝が「多くの人々の集合の唯一の核心」であり、「集合的に追求されうる唯一の目的」であるとデュルケムは述べていたが（Durkheim［1893］1978：396/田原訳：384，井伊訳：下264，

Durkheim［1897］1960：381-2/425）、論文「知識人と個人」をふくんだデュルケムの論文集『社会科学と行動』を編集したJ・フィユーは、デュルケムが人格崇拝の中に真の社会的紐帯を可能にする要素を見いだしたのは、一八九五年以降、『自殺論』からだとしている（Filloux 1970：18-22/11-4）。『自殺論』と人格崇拝については、山崎（2001：82-3, 87-91）も参照せよ。

（17）ロールズは個人の計画により広い豊かな構造を与える公共の社会制度は、全ての個人やアソシエーションの目的を従属させる宗教的統一などという支配的目的を創りだすものではないとする（Rawls［1971］1973：528/413）。

（18）「個人の尊厳は、より高い次元の、すべての人間に共通の源泉から来ている。個人がこの宗教的尊敬を受ける権利をもつのは、彼の中に人間性の何ものかがあるからだ。人間性こそ尊敬されるべきもの、聖なるものであり、個人の中にのみあるのではない。人間性はそのすべての同胞の中に広がっている。よって、人間性を個人が行為の目的とするには、個人は自己を脱却し、自己を外部に拡大せざるをえない。個人が同時に対象であり主体でもある崇拝は、個人としてあり特定の名をもつ個別の存在にではなく、人格――それがどこにあり、どのような形に肉体化しようと――に向けられている。（Durkheim［1898］1970：267/小関訳：42；佐々木・中嶋訳：211-2）」

（19）周囲の人間に依存するだけに見える水俣病患者が神として表象されうることについて栂島（1987）を参照。

（20）従来、労働力の「商品化と脱商品化」として語られてきた軸（武川 1999：150-60）に、効率性と人格崇拝の軸は対応する。

ただし、脱商品化と人格崇拝の論理は異なる。一般的には脱商品化はあくまで労働力の商品化というシステムの維持のために存在すると考えられている（→本章注（3））。これに対し、人格崇拝から展開される論理は、労働力商品化のシステム維持とは独立して働きうる。ただ人格崇拝の論理も、本文で次に述べるように、使いようによっては、労働力商品化のシステム維持に貢献する場合がある。

また、脱商品化の中には、労働力の商品化のため、システムの存続のためという理由を超えてなされる脱商品化もあるという構想を打ち出す山森（2002）によれば、脱商品化は人格崇拝の論理に近づくことになろう。

（21）日本の現状については、向井（2003）を参照せよ。

かつてのアメリカの医療では、生命は神からの「贈り物」だというキリスト教の神話枠組みが、患者の延命を試みる医者の義務を絶対的な戒律としていた。その後、生命絶対尊重という戒律は揺らぎつつあるとパーソンズは指摘した（Parsons 1978 : 264-99/173-240）。

第Ⅱ部　福祉国家スウェーデンの〈家〉

第三章　老人介護の基盤としての〈家〉

第I部の第二章では、公的な老人介護の根拠となるのは、効率性の論理か人格崇拝の論理であることを確認した。ただし、成果を生み出しうる潜在的能力すらも失った老人への公的介護の根拠は老人に生命がある限り人格を認め、人格そのものを聖なるものとするデュルケムの人格崇拝の論理の展開でしかありえないことを明らかにした。

また、第一章では「労働力となりうる可能性を失った」老人への公的介護の根拠として、弱者保護のために〈家〉はあるというハンソンの拡大された〈家〉の論理をあげておいた。

では、この効率性、人格崇拝、拡大された〈家〉という三つの論理は、実際のスウェーデンの老人福祉の歴史においては、どのような形であらわれ、組み合わさっていたのだろうか。第II部ではその考察を試みたい。

本章では、スウェーデンの〈家〉が開放性をもっていたことを示す。次の第四章で、その開放性をもった〈家〉と、境界を突破する運動性をもつ人格崇拝が結びつきやすかったことを主張することにしたい。

代表的な福祉国家であるスウェーデンでも、かつては老人の扶養は〈家〉で行われていた。このようなスウェーデンの〈家〉の論理から、なぜ福祉国家の論理が出て来ることができたのだろうか。既に述べたように、スウェーデンでは福祉国家建設のために「国民の家（folkhemmet）(1)」というスローガンが唱えられた。「国民の家」は、初の社会民主労働党単独内閣をつくったペール・アルビン・ハンソンが、福祉国家建設のヴィジョンとして一九二八年に議会で示した考えだ。公的な福祉の充実を図るために、〈家〉ということばを使うことができたのである。

これに対し、「家の境界」ということばでくりかえし述べたように、日本の「家」では、老人の介護は家族の中に閉じ込められ、公的な福祉が「家」の中に入り込むことはむしろ拒否されがちであった。「家の中を他人にみられたくない」、「子供や年寄りはできることなら家の中で面倒を見てあげたい」という考えは、「家」の意識の強い地方にはいまだに残っている。

このような日本の「家」のイメージを前提にすると、スウェーデンで、福祉を家族に頼らず公的な社会福祉を充実させるため、「国民の家」を唱えることができたのはなぜだったのかという疑問がでてくる(2)。

意外なことに歴史人口学によれば、スウェーデンには十九世紀まで多くの三世代世帯が存在していた。隠居契約という、相続と引き替えに老人の生活を保証する契約が親子世代間で結ばれ、老人の面倒は〈家〉で見られた。二〇世紀初めまで老親世代は子世代が扶養すべきだという規範が農村では残っていた（Kjellman 1984）。

このような一見日本にも似た〈家〉による老人扶養の慣習の存在は、なぜスウェーデンでは公的な老人介護の整備を妨げなかったのか。

この問題を本章では、老人扶養における家族と「共同体」の関係について歴史人口学者P・ラスレットがとなえた仮説の検討をつうじて考えたい。ラスレットの仮説は、ごく単純化していえば、核家族が多ければ福祉が発達しやすいということだ。

しかし、のちに述べるように、イングランドよりも核家族がより少ない社会だったスウェーデンの方が、イングランドよりも福祉国家をより徹底した形で発達させた。日本にも似た三世代世帯が遅くまで残ったスウェーデンの方が、「国民の家」というスローガンのもとに福祉国家化をより徹底させたのである。

ということは、老人と子供の同居率が欧米に比べて特に高い日本にも、老人と子供の同居が多いが故に、かえって福祉国家に徹底して向かう可能性があるのではないか。

そのような可能性があるかどうかを考えるために、三世代世帯が遅くまで残りつづけたスウェーデンの〈家〉がどのような特徴を持っていたのかを、ラスレットの仮説の検討をつうじて明らかにしたい。

1　老人扶養における家族と共同体——ラスレット仮説の批判的検討

ラスレットは、歴史人口学や家族史の知見にもとづき、老人扶養における家族と「共同体」の関係について次のような仮説を述べた。

核家族世帯が伝統的に多く、結婚後の子は親と別居し独立して生計を立てるのが原則だった北西ヨーロッパでは、個人への親族の援助はほとんどなく、親族以外の「共同体」からの援助がきわめて重要だった。そのため、北西ヨーロッパには公的な福祉制度の発達に有利な条件が存在していたという仮説である（Laslett 1988 : 156）。ラスレットは主にイングランドの事例からこの仮説を導いているが、北欧にもこの仮説が当てはまると考えている（168）。

本章はこのラスレットの仮説では北欧、特にスウェーデンを説明できないことを明らかにする。特に親族を血縁に限定する彼の親族定義の問題性について検討を行う。彼の仮説ではイングランドとの関係でスウェーデンを説明できないことを明らかにし、なぜ彼の仮説では説明できないのかその理由を述べる。以下、主に参照する文献はスウェーデン人自身によるスウェーデンの歴史人口学・家族史等の文献資料である。

2節では、ラスレットの仮説について説明するとともに、北欧の老人扶養に関するラスレットの説明を紹介する。

3節では、スウェーデンの老人扶養の慣習であった巡回扶養と隠居契約の意義を検討する。それを通じて前節の北欧の老人扶養に関するラスレットの説明には問題があることを明らかにし、ラスレットの仮説で用いられている「親族」概念はM・ミッテラウアーの「家共同体」概念に基づいた「家族共同体」という概念に修正するべきだということを主張する。

4節では、スウェーデンにはイングランドに比べて相当数の複合家族世帯が存在していたことを明らかにし、修正したラスレットの仮説でもスウェーデンとイングランドの関係が説明できないことを示す。

最後の5節では、ラスレットの「共同体」概念の問題点を指摘するとともに、スウェーデンの〈家〉の特徴を明らかにする。

2　ラスレットの仮説とスウェーデン家族の説明

2・1　核家族・独立生計と老人福祉制度の仮説

ラスレットは、老人扶養における家族と「共同体」の関係を次のように説明した。

北西ヨーロッパの核家族世帯は、世帯主が倒れるなどした場合それを援助する親族がなく、貧窮状態に陥る（核家族貧窮仮説 the "nuclear-hardship" hypothesis)。このような状況になるのは、新婚夫婦がかれら自身の世帯を形成し、どちらの両親ないしその家族とも一緒にならず、各世帯が独立して生計をたてるという慣習（ネオ・ローカリズム）があったからとラスレットはいう（ラスレット 1992：60）[3]。（以下ではこの慣習を「結婚後の別居独立生計の原則」と呼ぶ。）

北西ヨーロッパというときに、ラスレットがまず念頭に置いているのはイングランドである。イングランドでは核家族が伝統的に支配的で、拡大親族ネットワークによる個人への援助は重要ではなく、個人を援助するのは核家族内の肉親（immediate family）以外には「共同体」しかなかった（Laslett 1988：166，1979：441）。イングランドの福祉国家はこのような核家族の存在、親族の援助の欠如、「共同体」による援助の重要性に歴史的起源を持っているとラスレットはいう（Laslett 1983：357）。

「共同体（collectivity）」とラスレットがよぶのは親族以外の「友人、隣人、教会、慈善団体、村、町、国家」のすべてを指す（Laslett 1988：154，1979：434，1983：357）。ラスレットのいう「共同体」は親族の外部にあって個人を援助するものすべてを含んでいることに注意しておいていただきたい。

ラスレットは「共同体」を親族の外部にあるものとして定義した。私は後に「家族共同体」という概念を提出する予定であるが、ラスレットの「共同体」は私のいう「家族共同体」を含んでいない。以下では、ラスレットの「共同体」が家族共同体を含んでいないことを明確にするために、ラスレットが単に「共同体」として表現している箇所は（直接の引用部分以外は）原則として「家族以外の共同体」と表現することにする。

以上を前提にすると、ラスレットの仮説の構造は「①核家族世帯が支配的で、②結婚後の別居独立生計の原則がある場合は、③親族からの援助は重要でなく、④家族以外の共同体による援助が発達する」となる。このようなラスレットの仮説の批判は管見の限りではない(4)。

2・2　ラスレットのスウェーデン理解——親族援助の不在と核家族

ラスレットは、2・1項でとりあげた核家族と別居独立生計の結合は公的福祉制度を要請するという仮説を述べた論文において、北欧の家族史家であるD・ガウントによりながらスカンジナビアの家族について以下のように説明している。

デイビッド・ガウント(David Gaunt)によると、北欧と中央ヨーロッパ、特にスカンジナビアでは、財産のない老人は協定によって共同体の中で世帯から世帯の間を巡回させられた。これは間違いなくこの地方の慣習であり、ここでは親族の援助の不在が際立っている。この協定はまさに核家族の貧窮の例と見なすことができよう。(Laslett 1988：168)

ラスレットの説明はスカンジナビア全体に関するものであるから、スカンジナビア諸国の中でも代表的な福祉国家であるスウェーデンも同じように説明できるはずである。以下ではラスレットの説明でスウェーデンが説明できるかどうかを検討したい。

スウェーデンでも前記のような老人が各世帯を回るという慣習は行われており、Rotegången（区巡回）と呼ばれていた（Hellspong & Löfgren［1972］1994：44, 46）。以下では、これを巡回扶養と呼ぶ。

ラスレットの説明をスウェーデンに当てはめると、ラスレットのスウェーデン家族の理解は、「老人の巡回扶養があったから、①親族の援助が存在せず、②伝統的に核家族が支配的だった」ということになる。

このようなスウェーデン家族の理解を前提とした場合、2・1項のラスレットの仮説によってどのようにスウェーデンは説明されるのかここで確認しておこう。ラスレットの仮説の構造は「①核家族世帯が支配的で、②結婚後の別居独立生計の原則がある場合は、③親族からの援助は重要でなく、④家族以外の共同体による援助が発達する」というものであった。よって、ラスレットの仮説とスウェーデン家族の理解にもとづいてスウェーデンにおける公的な福祉制度の発達を説明するとすれば、「スウェーデンでは①核家族世帯が支配的で、③親族からの援助は重要でなく」、そのために、「④家族以外の共同体による援助が発達した」という説明になるだろう。

しかし、このような説明には問題がある。特に仮説をスウェーデンに当てはめる前提となるラスレットのスウェーデン家族の理解（親族の援助の不在と、伝統的に核家族が支配的）には問題がある。以下、3節ではラスレットのように「親族の援助」が無かったと言い切ることは妥当でないことを主張し、4節ではスウェーデンは、イングランドに比べ、「伝統的に核家族が支配的」ではなかったことを明らかにする。

後の議論のために、ラスレットの家族世帯の定義をここで紹介しておこう（ラスレット 1992：145)。特に、記憶に留めていただきたいのは、親族関係とは即ち血縁関係であるという定義だ。次の3節では、この定義の意味について論じる。

単純家族世帯（simple family household）＝夫婦とその子供。いわゆる核家族世帯。

- 複合家族世帯
  - 拡大家族世帯
  - 多核家族世帯
    - 直系家族世帯
    - 集合家族世帯

複合家族世帯（complex family household）は単純家族世帯以外の家族世帯の総称。

拡大家族世帯（extended family household）は単純家族世帯とそれ以外の親族から構成される家内集団。親族（kin）とは血縁関係にある者であり、家内集団（domestic group）とは寝食、休息とレジャー、および子供の出産と養育のために同一の物理的空間を共有する集団である。ここで注意しておいていただきたいのは、家内集団を構成するメンバーは必ずしも親族関係にないという点である。これに対し家族世帯のそれぞれの定義を見れば分かるように、親族関係にあるもののみが家族世帯を構成する。親族でない奉公人などはたとえ同居していても、家内集団には含まれるが、家族世帯には含まれない。

多核家族世帯（multiple family household）は複数の単純（核）家族世帯が親族関係により結合した家内集団。直系家族世帯と集合家族世帯を含む。

直系家族世帯（stem family household）は一子による家族継承がなされ、一つの世代には一つの夫婦単位のみを含む。

集合家族世帯（joint family household）は他の子供たちも結婚後に同居する。

拡大と多核の違いは、拡大は一組のみの夫婦を含み、多核は複数の夫婦という核を含む点だ。いわゆる三世代世帯は、祖父母が両方とも生存し同居している場合は多核家族世帯になり、祖父母の一方のみが生存し同居している場合は（孫世代が結婚して同居していない限り）拡大家族世帯になる。

3　親族の援助はなかったか——親族の定義の検討

3・1　巡回扶養の頻度と隠居契約の解釈

既に述べたように、ラスレットは、スカンジナビアは「老人の巡回扶養があったから、親族の援助が存在せず核家族が支配的であった」と理解した。しかし、少なくともスウェーデンの家族については これは当てはまらない。

問題はラスレットの①巡回扶養の頻度に対する認識不足と②隠居契約の存在の無視ないし誤解にある。

①の巡回扶養について、ラスレットはこれをこの地方の慣習と呼ぶことによって、あたかもスウェーデンのほとんどの世帯の間でこの慣習がなされていたかのような印象を読者に与えている。しかし結論から先にいえば、巡回扶養を行う老人は極めて稀であり、彼らには強いスティグマが張られていた。よって、ラスレットのように巡回扶養の存在からスウェーデンには親族間の援助がなかったのだと結論するのは無理である。以下では、それを論証する。(その過程で、②の隠居契約の存在の無視ないし誤解にも触れることになる。隠居契約とは、財産を相続する子世代が親世代との間で結んだ契約で、親世代の生存中の生活必要物を提供する責任を子世代が負うという内容を定めたものだ。)(5)

2・2項の冒頭で引用したLaslett(1988)で、ラスレットはスカンジナビアの家族についての説明の根拠としてGaunt(1983)をあげていた。ガウントは北欧の家族史に詳しいスウェーデンの研究者であり、このガウントの論文はラスレットの編集した論文集に収録されている。

しかし同論文には、スウェーデンで巡回扶養が頻繁に行われていたという記述はない。中世において巡回扶養が存在したというだけだ。

中世では老農夫は他人や親族の世帯での生活に従うか、領主の介入によって新しい世帯に入れられるかのいずれかであった。彼らはしばしば多くの世帯の間を回った(Gaunt 1983 : 276)。

十七世紀ごろになると、少なくとも財産のある老人については、すべての相続予定者の間を回ることはなくなったとガウントはいう。老人は、一番自分の面倒を見てくれそうな相続人のところに居続けるようになる。また、同じ頃に老人の巡回扶養を詳細に定めた法律は廃止された（256）。

また、十九世紀末には巡回扶養はきわめて例外的な措置になっていたことを、スウェーデンの人類学者G・シェルマンは明らかにしている。当時のスウェーデンにおいて巡回扶養を行った老人はほとんどの場合彼らを手助けできる近い親族がいなかったからだとシェルマンはいう。親族がいたのにその親族が援助しなかったわけではない（Kjellman 1981：52）。確かに巡回扶養を受けた老人には親族の援助がなかっただろう。しかし、巡回扶養を受けた老人にはそもそも親族そのものがいなかったのだ。これをラスレットのようにスウェーデンは「親族の援助がないことで際立っていた」というのは誤解をまねくだろう。

シェルマンによれば、十九世紀末において巡回扶養は社会福祉サービスを受ける老人の一％前後を占めるに過ぎず、極めて稀なものであった。巡回扶養に対する人びとの態度はスウェーデンのどの地方でも共通して否定的だった（53，76）[6]。巡回扶養は最も古いケアのやり方であり、既に十九世紀末には老人を他人の家に預ける他家預託（utackordering）によって取って変わられていた。二〇世紀には、巡回扶養は所々に少しだけ残っていたに過ぎない。巡回扶養と他家預託の二つのシステムのうち、人びとに最もいやがられたのは巡回扶養であった（51）。以上から、十九世紀末において巡回扶養は親族のいないごく少数の老人に対して例外的に行われる措置だったことは明らかだ。

それでは十八世紀から十九世紀にかけては、巡回扶養は頻繁に行われていたのだろうか。巡回扶養そのものについての研究は管見の限りでは見当たらなかった。だが、同じ期間の隠居契約については研究があるのでそれを検討してみよう。隠居契約は老人の生活必要物の提供を保証するものであるから、隠居契約を行っている世帯では巡回扶養は行っていないはずである。つまり、隠居契約を行っている世帯がどれほどの広がりを持っていたかが明らかになれば、その陰画として巡回扶養がどれほどの頻度でなされていたのかが明らかになるだろう。

十八世紀後半から十九世紀はじめにかけてのスウェーデン南部のある教区では、スウェーデンの歴史人口学者C・ルントによれば、自由保有権（自己または他人の一生の間、土地・建物などを保有する権利）の保有者（freeholder）だけではなく、より下層である借地農民（tenant）の世帯でも隠居契約システムが行われていた。借地農民の世帯の八〇％以上で老農夫が世帯員として残り続けたのである。

注目すべきことに、借地農民の隠居契約は非親族間で結ばれるのが普通であった。つまり、血縁関係のない者同士の間で老後の生活を保障する隠居契約が結ばれたのである。契約を結んだ家族は親族ではなかったから複合家族は規範ではなかった。しかし、三世代家族の時期ではなくても三世代世帯の時期を、大部分の借地農民の世帯は家族サイクルの初期において経験しただろうとルントは推定している（Lundh 1995：56–7）。

このような事例を親族間の援助の欠如と見るかどうかは、親族の定義の仕方によって異なる。ラスレットのように血縁関係がない限り親族ではないという定義をもし取るならば、親族間の援助が欠如していたと見ることができるだろう。しかし、そのような定義は日本の養子制度に慣れ親しんだわれわれにとっては、なじみにくいものだ。スウェーデンの借地農民が行った隠居契約は日本の養子制度と同じではないか。スウェーデンで隠居契約を結ぶ人びとは、契約が結ばれる前までは確かに非親族の関係であるが、日本の養子と同じく契約と同時に親族になる。このように考えた方がわれわれにとっては自然だ。もし非親族間で結ばれるスウェーデンの隠居契約の存在を親族間の援助の欠如を示すものとみなすならば、われわれは日本の養子制度の存在をも日本における親族間の援助の欠如を示すものと解釈せざるを得ないだろう。要するに、ここでは隠居契約の存在は親族の援助の存在を示し、よって巡回扶養の不在を示すと考えておきたい（さらに詳しい検討は次の3・2項を見よ）。このように考えれば、隠居契約が見られた自由保有権者や借地農民（tenant）の世帯では親族間の援助があったということができる。

このように少なくとも管見では、巡回扶養が例外的な行為であったことを示す資料のみがある。それが頻繁に行われたことを示す資料は見あたらない。にもかかわらず、ラスレットは、巡回扶養がスウェーデンの家族のほとんどで行われていたかのように表現し、スウェーデンには親族間の援助がなかったという。しかし、その根拠をラスレットは示していない。

3・2　養子制度と家族共同体

3・1項では「隠居契約の存在は親族の援助の存在を示し、よって巡回扶養の不在を示す」という議論の流れを明確にするために、隠居契約の性格そのものについての議論は差し控えた。そのため日本の養子制度を根拠にして、ラスレットの親族＝血縁関係という定義を修正するという直観的な説明を行った。しかし、以下では隠居契約を養子制度と等しいものとしてとらえるべきでないことを明らかにしたい。ラスレットの親族＝血縁関係という定義は維持しつつラスレットの仮説を私のいう「家族共同体」の概念で再構成する。

ラスレットのように血縁関係がない限り親族ではないという定義をもし取るなら、隠居契約を結んだ「非親族」の間には親族間の援助が欠如していたということはできるだろう。しかし、非親族であっても隠居契約を結んだ若い世代が老人世代の扶養を行っているのは確かである。単純に血縁関係がなければ親族間の援助は存在しないと考えるのでは、この同じ家の中で援助がなされているという事実を見逃すことになるのではないか。非親族でも隠居契約を結んだ人びとは老人を扶養する同じ一つの家族共同体に属していると考えるべきではないか。以下ではこのような視点からラスレットの仮説の修正を行ないたい。

第一に、ラスレットの仮説の「親族」は「家族共同体」という概念で置き変えるべきだと私は考える。つまり、ラスレットの仮説の構造は「①核家族世帯が支配的で、②結婚後の別居独立生計の原則がある場合は、③親族からの援助は重要でなく、④家族以外の共同体による援助が発達する」というものだが、このうち「③親族（＝血縁関係）」の部分を「③家族共同体」と読みかえるべきだということを以下で示したい。

図3　ラスレットの世帯の定義と日本の養子

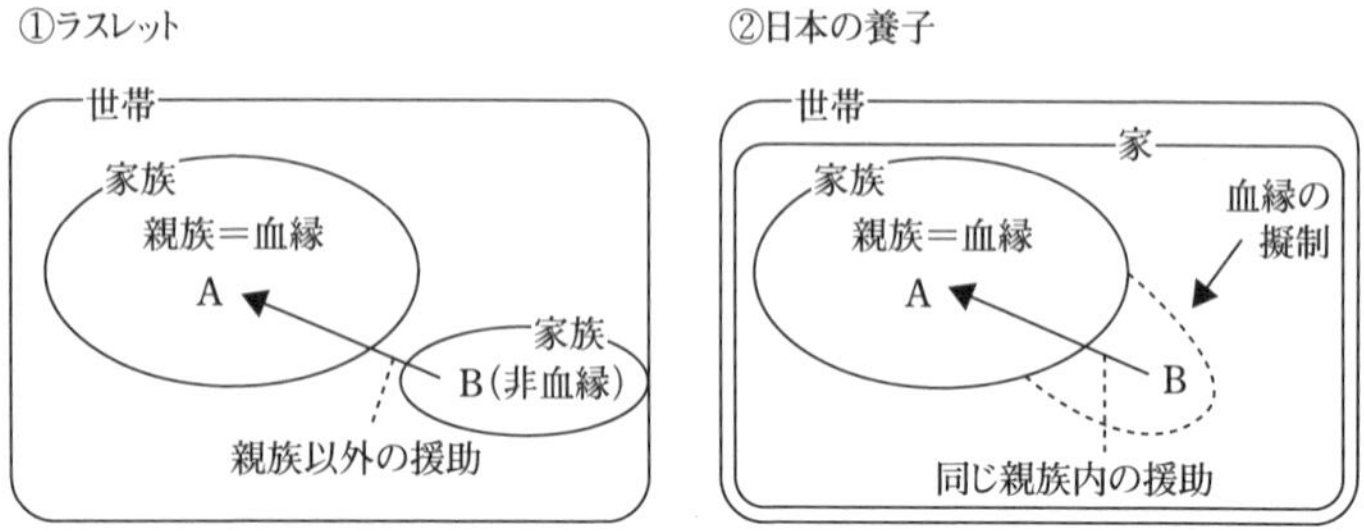

A—老人　B—非血縁者

すでに触れたように、親族の定義に関してはラスレットは血縁関係の有無によって親族（kin）と家内集団（domestic group）を区別していた。親族は血縁関係にある者のみを含むが、家内集団には血縁関係でない非親族の者も含まれている（ラスレット 1992：20）。よって、非親族間で隠居契約を結び、同一の物理的空間を共有した場合は、彼らは同じ家内集団に属することにはなる。しかし、ラスレットの定義によれば、家族世帯は親族関係すなわち血縁関係にある者のみで構成されるから、隠居契約を結んだ非血縁者は同一の物理的空間を共有していても同一の家族世帯の一員にはならない。

図式化していえば、隠居契約がA（老人）とB（非血縁者）で結ばれた場合、ラスレットによれば、図3の①のようにあくまで親族以外の援助とみなされる。

3・1項では、養子制度を持ち出して親族概念の拡張すなわち家族世帯概念の拡張を行うべきだという主張を行った。図3の②に示すような日本の養子と同様に考えると、スウェーデンで隠居契約を結ぶ人びとは、契約が結ばれる前までは確かに非親族の関係であるが、契約と同時に血縁の擬制がなされ親族になる。よって、BのAに対する援助は同じ親族内の援助とみなされるだろうと3・1項では述べておいた。

だが、ここでは、ラスレットの親族＝血縁関係という定義は維持しつつ、ウィーンの家族社会史家ミッテラウアーの「家共同体」という概念を手がかりにしてラスレット仮説の読みかえを試みたい。「家共同体」は、ラスレットのいう家族世帯の構成員にくわえて、親族＝血縁関係でない住み込みの奉公人などを含むものである。

なぜ3・1項のように親族概念の拡張を行うよりも、「家共同体」の概念を手がかりにした方がよいのだろうか。その答えは3・1項では親族概念の拡張の根拠とした養子制度自体にある。ミッテラウアーによれば西欧や中欧にはそもそも養子制度がなかったという（Mitterauer 1990：101/108）。西欧には存在しなかった養子制度に基づいて、西欧とその他の地域を比較するために作られたラスレットの親族概念の拡張を主張するのは適当でないだろう。

ではなぜ西欧や中欧には養子制度が存在しなかったのだろうか。

そこでは養子制度が必要とされなかったからである。その理由は、養子制度が存在する地方（東欧・南東欧）でなぜ養子制度が必要とされたかを考えれば分かる。再びミッテラウアーによれば、東欧や南東欧では家共同体は原則として親族関係にある者から構成される。よって、非親族が家に受け入れられる場合、たいてい人為的な親族関係の確立を必要とする。養子縁組あるいは類似した儀礼的手続きが要請されるわけである。これに対し、西欧や中欧では状況はまったく異なる。非親族と一つの家で生活することはずっと古い過去に遡っても当たり前で、家共同体が非親族を含むことは当然とされている。家内関係の確定において親族関係は背景に隠れ、明確に現れるのは共同生活の機能面とりわけ共同労働である。よって、非親族が家に受け入れられる場合、親族関係を擬制する特別な手続きは必要とされない（100-1/108）。

さらにミッテラウアーは、たとえ非親族関係にある者たちでも彼らの間で隠居契約が結ばれるのなら「家共同体の複合構造（komplexe Strukturen der Hausgemeinschaft）」を構成すると考えるべきだという（97/105）。ミッテラウアーは血縁と非血縁の隠居人の区別は無意味ではないかといい（203/215-6）、非親族であれ親族であれ隠居契約を結んだ人びとを「隠居家族（Ausgedinge-familie）」と呼ぶ。

彼のことばを私なりに解釈すると次のようになる。非親族関係にある「隠居家族」はラスレットの定義によれば家族世帯を構成しない。しかし、「隠居家族」はその構成員が非親族＝非血縁関係であっても、生活する上での機能的な共同性に着目すれば一つの「家共同体」であると考えるべきだと。

私はこの考えを前提とした上で、「隠居家族」を老人扶養を担う「家族共同体」としてとらえたい。「隠居家族」が果たす共同的な老人扶養機能に着目するなら、「隠居家族」を「家族共同体」としてとらえることが可能になる。このように親族か非親族かにこだわらず、生活集団における共同性へ注目して「隠居家族」を共同体ととらえる点ではミッテラウアーと私の視点は同じである。

ただし、単なる奉公人を含むか否かという点で、ミッテラウアーの「家共同体」は私の「家族共同体」とは異なる。ミッテラウアーの「家共同体」は共同労働集団を意味するため「家共同体」は単なる奉公人をも含む。しかし、私の「家族共同体」は家における共同的な老人扶養機能に着目した概念であるため、隠居契約を結んだ老人や後述する「小屋住み」や「間借り人」の老人以外の、単なる奉公人は含まない。「家族共同体」に含まれるのは非血縁だが隠居契約を結んだ者や「小屋住み」、「間借り人」のみである。(7)

ラスレットの定義との関連でいえば、ミッテラウアーの「家共同体」はラスレットの「家内集団」と同じ範囲のメンバーを含む。ただし、ラスレットの「家内集団」が①寝食、休息とレジャー、および子供の出産と養育のために②同一の物理的空間を共有する集団と定義されているのに対し、ミッテラウアーはむしろ同じ集団の共同労働性という点に着目している。

以上の検討にもとづいて、ラスレットの仮説は「①核家族世帯が支配的で、②結婚後の別居独立生計の原則がある場合は、③家族共同体からの援助は重要でなく、④家族以外の共同体による援助が発達する」と読みかえるべきだと私は考える。

第二に、ラスレットはスウェーデン家族の理解においては仮説の中の「②結婚後の別居独立生計の原則」について何も述べていない。われわれがラスレットの仮説とスウェーデン家族の理解にもとづいて、スウェーデンにおける公的な福祉制度の発達を説明しようとするとき、このラスレットの沈黙は何を意味するのだろうか。

2・1項において既に述べたのは、ラスレットの沈黙を「②結婚後の別居独立生計の原則」の軽視と考え、スウェーデンについては「①核家族世帯が支配的である場合、③親族からの援助は重要でなく、④家族以外の共同体による援助が発達した」という説明になるはずだということだった。果たしてこのような2・1項における理解は妥当なものだっただろうか。もし妥当だとすると、「①核家族世帯が支配的である場合、③親族からの援助は重要でない」という命題が成り立つことになる。この命題は、既に述べたように「③親族からの援助」は「③家族共同体からの援助」に置き換えるべきだということを前提とすると、「①核家族世帯が支配的である場合、③家族共同体からの援助は重要でない」と変換されることになる。果たしてこの命題は成立するのだろうか。

もう一度ラスレットの家族世帯の定義に戻ってみよう。ここで問題にしたいのは、ラスレットが家族世帯を構成する家内集団の定義の中に「同一の物理的空間を共有する」という基準をいれていることである。「同一の物理的空間」とは同じ家に住むことを意味するのか、それとも同じ敷地であればいいのだろうか。隠居契約を結んだ場合は「老父が息子に家督を譲るとき、母屋を出て農地の縁に建てた小さな隠居小屋に移り住む場合が多かった」(木下 1992：171) といわれるが、このようなケースの場合果たして「同一の物理的空間を共有」していることにはならないのだろうか。もし共有していないと見なせば彼らは核家族世帯をそれぞれ形成していることになるだろうし、共有していると見なせば一つの多核家族世帯を形成していることになるだろう。

だが老人の扶養という機能面から見た場合、重要なのは核家族世帯の集合か一つの多核家族世帯かという区別ではない。その老人の扶養が家族・地域・国家共同体の一体どこで担われているのかという問題こそわれわれが問うべき問題である。たとえ老いた世代と若い世代が「同一の物理的空間を共有」していなくても、老いた世代の扶養が若い世代によってなされる場合がある。隠居契約のケースがそうだ。ミッテラウアーのいう「隠居家族」は単純家族世帯の集合である場合も複合家族世帯である場合も両方の場合がある（Mitterauer 1990：97/105）。単純家族世帯の集合としての「隠居家族」においては、老世代と若い世代それぞれは核家族であったとしても、彼らはまぎれもなく一つの「隠居家族」という家族共同体に属している。その意味で「同一の物理的空間を共有する」という共住の条件は老人の扶養を考えるときには必要ではない。共住していれば同一の家族共同体に属すると推定されるが、共住していないからといって同一の家族共同体に属さないとはいえないのだ。

以上の検討から分かることは、たとえ核家族世帯が支配的であっても、隠居家族が存在するときには、家族共同体による援助は個人にとって重要な役割を果たすということだ。「①核家族世帯が支配的である場合、③家族共同体からの援助は重要でない」という命題は成立しない。「①核家族世帯が支配的である」ということに加えて、「隠居家族が存在しない」という条件が加わってはじめて「③家族共同体からの援助は重要でない」といえるのである。

「隠居契約が存在しない場合」というのは、老世代の生活費を若い世代が負担しないことを意味するから、「②結婚後の別居独立生計の原則がある場合」にあたるといえる。[8] よって、「①核家族世帯が支配的である」ということに加えて、「②結婚後の別居独立生計の原則がある（＝隠居家族が存在しない）場合」という条件が加わってはじめて「③家族共同体からの援助は重要でない」といえるのだ。その意味で、「②結婚後の別居独立生計の原則がある場合」という条件は、ラスレットの仮説において欠かすことのできない重要な条件である。

このような重要な条件となる「隠居契約」についてラスレットが何も述べていない理由は不明である。ただスウェーデンの隠居契約について既に行った検討から明らかなのは、隠居契約の存在を認めそれを検討するとラスレットの仮説の修正を余儀なくされるということだ。その意味では少なくともラスレットは隠居契約を彼の仮説との関係でどのように理解しているかを説明すべきであった。2・2項でラスレットが巡回扶養の存在の根拠としてあげているガウントの論文には、巡回扶養よりもむしろ隠居契約についてより多くの記述がなされている。しかし、隠居契約についてラスレットは何も述べていない。

4　複合家族

4・1　トッドの複合家族世帯説

フランスの歴史人口学者E・トッドによれば、スウェーデンは複合家族世帯地域に属するという（Todd 1990：訳Ⅰ 54-5）。しかし、この説明にいたるまでのトッドの推論には疑問がある。

トッドが根拠としてあげる文献は、スウェーデンの人類学者O・レフグレンのスカンジナビア農民の家族と世帯に関する研究 Löfgren (1974) である (Todd 1990:訳I 335)。たしかにレフグレンは隠居契約の存在する農民社会は他の地域よりも拡大家族が多いとしている (Löfgren 1974:43)。

だが、このような拡大家族が最も一般的であったのは、裕福な農民であった。土地を持たない人びとは自分たちの小さな家で隠居した夫婦を養う余裕はほとんどなかった。レフグレンは土地を持たない人びとが隠居すると大抵は村のどこかで間借り人をしていたに違いないと推定している (43)。したがって、スウェーデンで拡大家族が支配的だったかどうかは、裕福な農民が人口のどれほどの割合をしめるかによって決まるといってよいだろう。しかし、そのデータをレフグレンはこの論文では掲げていない。

よって、トッドのようにレフグレンの論文にもとづいてスウェーデン全土が複合世帯地域だと言い切ることはできず、さらに他のデータに基づいた裏付けを必要とする。[9] 次の4・2項では、スウェーデンの歴史人口学の蓄積に基づきながら、スウェーデンには相当数の複合家族世帯が存在していたことを明らかにしたい。

4・2 スウェーデンの歴史人口学

スウェーデンにおける歴史人口学的研究の多くが、十七世紀の間 (おそらくはもっと以前まで) 大きな拡大家族世帯は稀ではなく、これらの世帯のかなりの部分は多核家族であったことを示している（Rogers 1993：299）。十八世紀前半の一七三〇年代に死亡した老人が属していた家族で最も多い家族形態は、ストックホルムからほぼ西へ約百二十キロ離れた地方で一年中労働力が必要とされる地域では、拡大家族だった（Gaunt 1978）。スウェーデンにおいてサイズが小さく構造も単純で、使用人も他の同居親族もない多数の新しい世帯が作られるようになったのは、十九世紀に入ってからである。十九世紀の間に、小作人世帯の創設や農地の分割についての法的制限が撤廃され、新しい経済的機会がでてきたためである（Rogers 1993：300）。[10]

以上のように様々な研究がスウェーデンにおける複合家族の存在を示している。十八世紀にはかなり多数存在し、十九世紀に入ってから徐々に複合家族は少なくなっていったようである。

一方、ラスレットによればイングランドは少なくとも十八世紀以降は一貫して核家族が支配的であった（Laslett 1989：119；ラスレット 1992：15）。よって、スウェーデンの方が少なくともイングランドに比べより複合家族的な社会であったと判断して間違いないだろう。

つまり、私の立場は、トッドのようにスウェーデン家族を複合家族世帯地域だと言い切ろうとするのでもなく、ラスレットのようにスウェーデン家族を伝統的に核家族が支配的だったと理解しようとするのでもない。手持ちの資料では、トッドやラスレットのような断定はできない。以下の私の議論にとっては相対的にスウェーデンの方がイングランドに比べより複合家族的な社会であったという事実で十分である。

この事実を修正したラスレットの仮説に当てはめるとどうなるか。修正したラスレットの仮説は「①核家族世帯が支配的で、②結婚後の別居独立生計の原則がある場合は、③家族共同体からの援助は重要でなく、④家族以外の共同体による援助が発達する」というものであった。

①の家族世帯類型についてみれば、スウェーデンは核家族型社会であるイングランドに比べより複合家族的な社会であった。

②の結婚後の別居独立生計の原則についてはどうか。イングランドにも十七世紀までは隠居契約が存在したが（MacFarlane 1978：訳230）、イングランドでは隠居契約はスウェーデンよりも早く消滅した。スウェーデンでは、十九世紀後半になってはじめて隠居契約が消えはじめ、第一次世界大戦直前にほとんど消滅した。[11] スウェーデンにはイングランドに比べより遅くまで隠居契約が存在したことから、スウェーデンにおける結婚後の別居独立生計の原則はイングランドに比べ弱かったといえよう。

スウェーデンはイングランドに比べ「①核家族世帯が支配的でなく、②結婚後の別居独立生計の原則が弱い」のであるから、スウェーデンの家族共同体の援助はイングランドに比べより重要な役割を果たしていたはずである。修正したラスレットの仮説によれば、イングランドの方がスウェーデンよりも家族以外の共同体による援助を発達させていなければならない。

しかし、実際にはスウェーデンの方が、イングランドよりも国家による福祉制度をより徹底した形で発達させている。ラスレットの仮説は事実に矛盾すると考えざるを得ない。ラスレットの仮説ではスウェーデンとイングランドの関係を説明することはできない。

5 共同体概念の限界

一見もっともに見えるラスレットの仮説がなぜスウェーデンとイングランドの間には当てはまらないのだろうか。

その理由は、ラスレットの仮説が「共同体」という名の下に国家や地域社会などをひとくくりにしていることにあると私は考える。ラスレットの議論はあまりにも家族にばかり視点が集中しすぎており、家族かそれ以外かという二分法しかしていない。福祉制度の差異において重要なポイントとなる、各社会間での福祉をになう主体の差異（国家か、民間ボランティアか、地域社会か）がなぜ成立したのかについて、それらすべてを共同体の名でひとくくりにしてしまうため、何ら説明ができなくなってしまう。

福祉国家は、家族や地域がになっていた役割を国家が肩代わりすることによって成立する。たとえ地域レベルでは家族ではなく、地域全体で共同体的に老人を養っていようとも、豊かな地域と貧しい地域の間での資源の再配分を一国レベルの広い範囲において国家が行わないかぎり、その国家は福祉社会ではあっても福祉国家にはなりえない（Odén 1988：44）。

逆説的だが、スウェーデンよりもイングランドの方が教区による老人の福祉の一定の担保が行われていたがゆえに、かえってイングランドでは国家の教区への介入による老人の福祉の担保が要請されなかったのではないか。いわば、イングランドはスウェーデンよりもより福祉社会的であったがゆえに、福祉国家化がスウェーデンほどの徹底ぶりを見せなかったのではなかろうか。

私のこの仮説の論法は、ラスレットに従ったものである。ラスレットの論法は、家族共同体の援助の存在は家族以外の共同体による援助の発達を妨げるというものであり、前者の発達と後者の発達は背反関係にある。しかし、既に述べたとおり、ラスレットの仮説はイングランドよりも結婚後の別居独立生計の原則が弱く、より複合家族的な社会であったスウェーデンのほうが、なぜイングランドよりも国家共同体による国家福祉制度を発達させたのかを説明できない。もしラスレットの仮説を生かそうとするなら、ラスレットが用いた「共同体」の概念を国家以外の地域共同体にのみ限定し、イングランドでは老人扶養において地域共同体が発達したが故に国家共同体の発達は要請されなかったと説明するしかないであろう。つまり、地域共同体の発達と国家共同体の発達は背反関係にあったと説明するのである。

さらにいえば、ラスレットのいう背反関係は一方が発達すれば他方の発達は必要なくなるという機能的な役割分担論である。家族の慣習は家族によって担われる老人福祉制度のあり方を決定し、この家族福祉制度によって機能的に担いきれない部分を、家族以外の主体による福祉制度が担うという論理である。老人扶養の共同体はどうあるべきかという人びとの意識、人びとの扶養共同体のイメージは問題にされていない。つまり、ラスレットは家族の慣習が形作る老人扶養共同体のイメージを経由せず、家族の慣習が、直接、老人福祉制度に与える機能的な影響のみを考慮しているわけである。ラスレットの議論は家族の慣習が制度レベルにおける家族・地域・国家の役割分担の関係にどのような影響を与えるかという点のみを問題としている。

6　福祉国家と開かれた〈家〉

しかし、むしろ人びとの老人扶養の共同体イメージこそ重要な役割を果したのではないか。つまり、スウェーデンにはイングランドよりも家族共同体による援助が遅くまで残っていたがゆえに、かえってその家族共同体のイメージを福祉国家という国家共同体のイメージにだぶらせることができた。スウェーデンが福祉国家への国民動員のシンボルとして「国民の家」というメタファーを使うことが可能だったのは、逆説的だがスウェーデンに家族共同体による援助が遅くまで残っていたことに由来するのではないだろうか。

非親族（＝非血縁）間でも隠居契約を結べば、養子縁組という血縁関係の擬制を行うことなく一つの家に属したことから分かるように、スウェーデンの農村における〈家〉は血縁でない非親族を含むことができた（図4を参照）。

また、スウェーデンの老人の奉公人制度の一種である「小屋住み」（backstugusittare）や「間借り人」（inhyseshjon）[12]も〈家〉の開放性を示している。

図４　日本の養子とスウェーデンの隠居契約

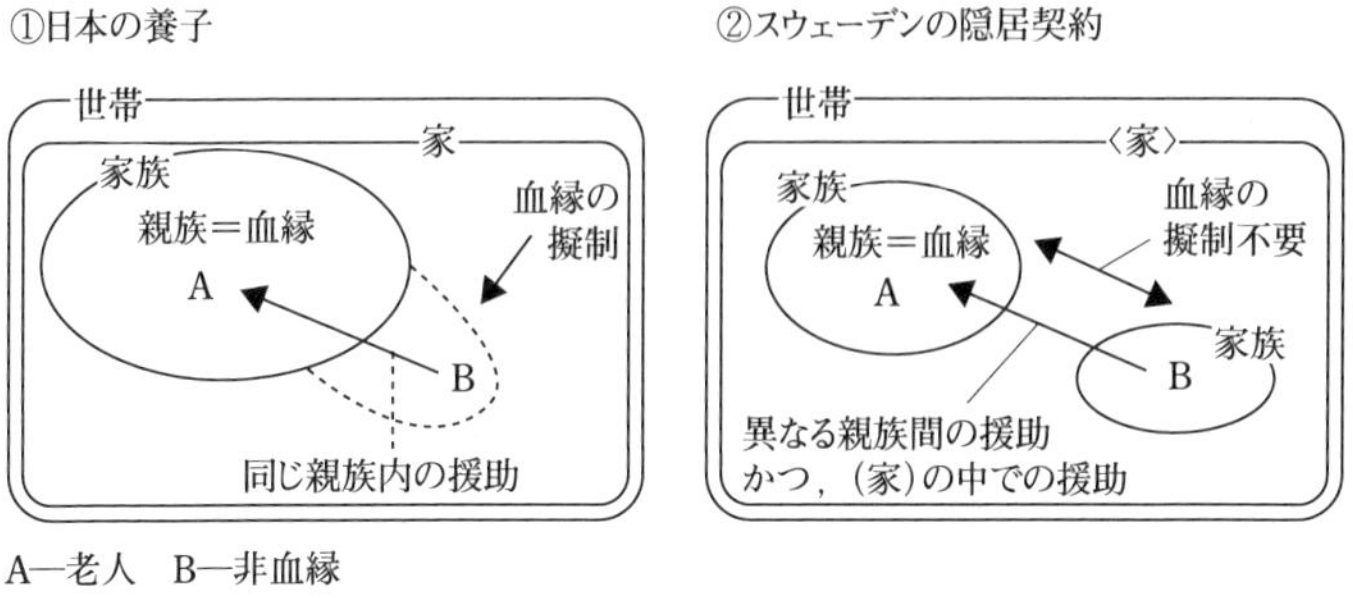

「小屋住み」は、ほとんど対価としての給付をしなくても、大農場主（godsägare）や農民あるいは比較的規模の大きい小作地トルプ（torp）を耕作するトルパレから「丘の小屋」と呼ばれる小さい小屋を借りることができた。また、農業や林業のために多くの労働力を要する地域では、老人の「間借り人」が多かった。老人は家族であろうとなかろうと、忙しい時期に軽い仕事や手伝いをするかわりに間借りすることができた（Odén 1988：43）。[13] これを扶養とみるなら家族共同体と地域共同体のどちらによる扶養というべきか判断に迷うだろう。しかし、それは〈家〉による扶養であるとみなすことができる。

少なくともスウェーデン農民層の約二〇％を占めた借地農民では非親族間の隠居契約が多かったし、多数派であった自由保有農民の間にも「小屋住み」や「間借り人」といった非親族間における扶養の要素があった。

スウェーデンの〈家〉は血縁でない地域の人びとにも開かれていたのであり、「国民の家」における〈家〉は家族共同体でも地域共同体でもあった。もともと家族共同体と地域共同体の境界は曖昧だったと考えられるのである。

スウェーデンでは〈家〉はもともと外部に対して開かれており、血縁を擬制しなくても外部の人間を受け入れる開放性をもっていた。[14] このような開かれた〈家〉というイメージを人々がもっていたがゆえに、「国民の家」という福祉国家のヴィジョンは受け入れられていったのではないだろうか。[15]

注

（1）hem は英語の home にあたる。

（2）他のスウェーデン研究との視点の違いを述べ、本章の位置づけを明らかにしておく。

本章は「国民の家（folkhemmet）」における「家（hemmet）」概念の開放性を明らかにする試みであるが、石原（1996）は「国民の家」の「国民（folk）」の開放性を明らかにした。

石原によれば、スウェーデンが「国民の家」をシンボルとして福祉国家建設を進めえた背景には「労働者階級の形成過程の二重性」があった。すなわち、労働者は階級意識の獲得と同時に「国民」としての自覚も獲得したという二重性である。そのため、スウェーデンの労働運動は「国民運動」として展開し、社会民主労働党は「国民政党」となった（石原 1996：14, 220）。石原の分析の焦点は労働者階級と労働運動にあり、その中で"folk"概念の展開が説明される。

本章の視点からみたとき注目されるのは、スウェーデンの身分・階級・階層の開放性という石原の指摘である。十九世紀のスウェーデンではドイツに比べ身分的開放性が強かった。スウェーデンの中間層は、ドイツの市民層とは異なり、農村の中間層も含んでいたし、労働者階級とも交流していた。世紀転換期における禁酒運動、自由教会運動など、階級の境界を越えた政治的動員が進むことで、諸階級・諸階層の開放的性格はいっそう進んだ（378）。

このような階級の開放性のもとで、労働運動における"folk"概念は広がりを獲得する。"folk"概念は、労働者階級が、農民との交流でロマン主義的教養理念を、都市下層中間層との交流で啓蒙主義的教養理念を継受することで、労働運動の中に入り展開していった。その中で、"folk"概念は、ロマン主義的教養理念において想定された北欧の文化遺産を継承した「民衆」「民族」から、啓蒙主義的な普遍的文化の洗礼を受け、民主主義社会である社会主義社会を担う「市民」「国民」の意味に転換していった（376, 382）。

福祉国家建設のシンボルとして「国民の家（folkhemmet）」が成立しえたのは、「国民（folk）」概念の開放性（石原 1996）にくわえて、「家（hemmet）」概念にも開放性があったためであることを本章では主張したい。

（3）Laslett（1988：153）では neo-local marriage practices と呼んでいる。

（4）核家族貧窮仮説に触れた論文として Kertzer（1995）などがあるが、仮説自体の批判にはおよんでいない。

（5）隠居契約の具体例は、木下（1992：171-3）、Gaunt（1983：278）、Carlsson（1956：214-5）、Hellspong & Löfgren（[1972] 1994：236-8）を見よ。

（6）巡回扶養への否定的態度はスウェーデンのどの文化圏でもみられる。家族扶養がより多く残っていた北部だけでなく、施設扶養が早くから行われた南部でも人々は巡回扶養にたいして同様に否定的であった。

（7）ミッテラウアーの家共同体（Hausgemeinschaft）は、その構成員全てを対象とした「経済的扶養共同体」である。一方、私の「家族共同体」は家共同体の構成員全てを対象とするのではなく、特に老人の扶養に限定して新たに構築した「経済的扶養共同体」概念である点に注意していただきたい。

(8) ラスレットが「結婚後の別居独立生計の原則」というときには「子世代の夫婦が親世代から援助を受けないこと」だけでなく、逆に「親世代が子世代から援助を受けないこと」も念頭に置いている。Laslett (1988 : 155) を参照。

(9) トッドはレフグレンの他に二つの参考文献をスウェーデンについて掲げているが、いずれもスウェーデンの一地方についての個別研究である (Todd 1990 : 訳 II 384-5)。スウェーデン全土の家族制度についてはレフグレンしか参照を指示していない (訳 I 335)。

(10) 十七世紀の封建制度のスウェーデンでは、近代的な意味での家族の概念は存在しなかった。また、親族のつながりも村の社会的経済的生活において特別重要でもなかった。世帯が基本的な単位であり、世帯は親族と非親族の両方を含んでいた (Löfgren 1984 : 453)。

(11) スウェーデンでは、十九世紀後半になってはじめて隠居契約が消えはじめた。十九世紀後半からの商品経済の発展によって、土地でできる農作物などの収益よりも土地自体の市場価格が高くなるという事態が生じた。一種のバブルのようなものである。その結果、隠居契約を結んで土地を若い人に譲り将来その人に面倒を見てもらうことを期待するよりも、老人自身が土地を売って代金を貯金しその利子で生活した方がよいと人々は考えるようになった。このため、第一次世界大戦直前には隠居契約はほとんど消滅した (Gaunt 1983 : 270-1)。

(12) inhysa は家の中に住むことを、hjon は社会の援助を受ける人を意味する。かつて農業人口の一部は農地をもたず農民の中の下層階級として位置づけられた。この間借りして社会の援助を受ける人（inhyseshjon）は、家族と近い親戚である必要はない「間借り人」であった。彼らは農村で十九世紀に急激に増えた無産層であり、社会的地位は自分の住居に住んだ「小屋住み」（backstugusittare）よりも低かった。一八五五年には農民の約二〇％が「間借り人」だった。

（13）スウェーデン農村史を専門とする佐藤睦朗氏の教示によると、十九世紀スウェーデン農村社会では、隠居契約以外にもさまざまな老人扶養の方法が存在していた。「間借り人」や「小屋住み」は奉公人制度の一種で、保有農民（landbonde）や十八世紀半ば以降増加した土地所有あるいは保有者以外の階層（代表的なものがスタータレと呼ばれる既婚の奉公人）の出身の老人たちが主に依存した制度であった。これは隠居契約と似ているが、隠居契約が土地所有関係に結びつくのに対し、この制度はあくまで奉公人制度の一形態である点に違いがある。（なお、トルプについては佐藤（2000：32-3）を参照。）

佐藤氏によれば、老人層が「小屋住み」や「間借り人」と十九世紀当時は規定されることが多かったことは歴史学の通説となっている。これらの階層のなかに多くの老人たちが含まれていたことを数値で示している代表的な文献として、Jonsson（1980：74-5）、Peterson（1989：116-7）がある。「小屋住み」や「間借り人」が地方によっては「家へ（の所属者）」（till hus）と記載されている（Peterson 1989：222；佐藤氏の私信）こともスウェーデンの〈家〉の開放性をしめすものである。

（14）血縁を擬制しないスウェーデンの〈家〉の開放性が「国民の家」の基盤であると主張する本書にとっては興味深いことに、「祖国」は、ドイツ語では「父の国（Vaterland）」であるが、スウェーデン語では「育ての国（fosterland）」である。

スウェーデン語の foster- は英語と同じく「里子の、養いの、育ての」を意味する。例えば、

fosterföräldrar（英 foster parent）は「養い親、育ての親、里親」、fosterhem（英 foster home）は「里子を預かる家」である。

（15）財産のない老人に対してとられた対策については、奥村（2000：28-36）を参照。

また、老親扶養規範の変化について、以下に補足しておきたい。

さきにあげたスウェーデンの人類学者シェルマンは、漁師、農村奉公人、労働者、農民それぞれが多い四つの教区や地域で、一八八〇年から一九四〇年の人口学的調査とともに、聞き取り調査を行った結果、老親を扶養すべきだという古いキリスト教の同居規範がかつてはあったが別居規範へ変化したと主張した（Kjellman 1984）。

シェルマンによれば、すべての社会集団の中に老親に対する子どもとしての尊敬と愛情を説く古いキリスト教のイデオロギーがあった（236）。どの階層にも共通した一つの規範、親の面倒を家で見るべきという同居規範があった。しかし、経済的条件により、その規範にかなう行動をとれる階層は限られていた（61-2）。工場労働者の多くも農場出身者であり、彼らの多くが内面化した価値規範は、農業などによく見られた老親への責任を強調するものだった。農業地方と工業地方のいずれにおいても伝統的な同居形態は強く根を張っていた（202，212）。

しかし、同居規範から別居規範への変化が起こった。工場労働者の教区トゥンナ（Tuna）の工場労働者は早くから老親への責任感の一部を変え、施設扶養を望むようになった（200，234）。

農業の教区ロックネヴィー（Locknevi）では、家父長制的なイデオロギーに彩られた古い農民伝統と宗教上の信仰生活が教区にしっかりと根を下ろしていた。ここでは、老親を大事にしようという規範が一九〇〇年前後には存在していた。しかし、ここでも現在では老人たちは子どもに頼るのはよくないことだと考えている。この変化のもとには、世代間は経済的に独立すべきだというスウェーデン政治のイデオロギーがある。人々の間にあった老人ホームに対する嫌悪も消えた。これは国が老人ホームの水準を上げたことと関係している（233, 156–8）。

　このようなシェルマンの主張を、根本的文化変容アプローチであると歴史学者J・チトメルスキーは位置づけ、次のように批判している。

　すべての階層に共通して多世代同居の規範があったのではなく、特定の階層の間にだけあったのではないか。その規範に時間による変化はあったのか。

　むしろ階層によって異なる居住形態が存在していたという仮説をチトメルスキーは唱える。すなわち、過去の農民社会では最も経済的に豊かな階層は実際には同居よりも別居をする傾向があり、中間層はより多く同居を行い、貧困層は別居をしていた。老親と子の同居率と経済階層の関係は逆U字型曲線によって表される（図5の左のグラフ）。

　豊かでない階層の人々が豊かな状況に置かれたときに取る行動が、豊かな階層の行動と同じだとするなら、根本的な規範は世代間の別居である。シェルマンのいう同居から別居へという規範の変化はなく、経済的条件の変化のみがあったとチトメルスキーは主張する。

　シェルマンのトゥンナとロックネヴィーのデータによっても、貧困層は伝統的に別居する傾向が見られたが、土地をもたない低い社会階層の間で老人の同居世帯が一八八〇年から一九一〇年の間に急増しているのが注目される。ここでは、別居から同居へという、シェルマンとは逆の、規範の変化が見られる（Zitomersky 1987：132–8）。

　以下では、本書の視点から両者を評価しておきたい。

　第一に、チトメルスキーのいう経済的階層のみでの区分では足りないだろう。農場労働者と工場労働者は同じ経済的階層にあったが、老親に対する態度の変化には違いが見られた。農場労働者は強い老親扶養規範を長く保ち続けたが、工場労働者は早くから施設扶養に傾いていったたしかに老親扶養規範の存在は経済的要素だけでは説明できないだろう。

図5　経済階層と同居率の変化

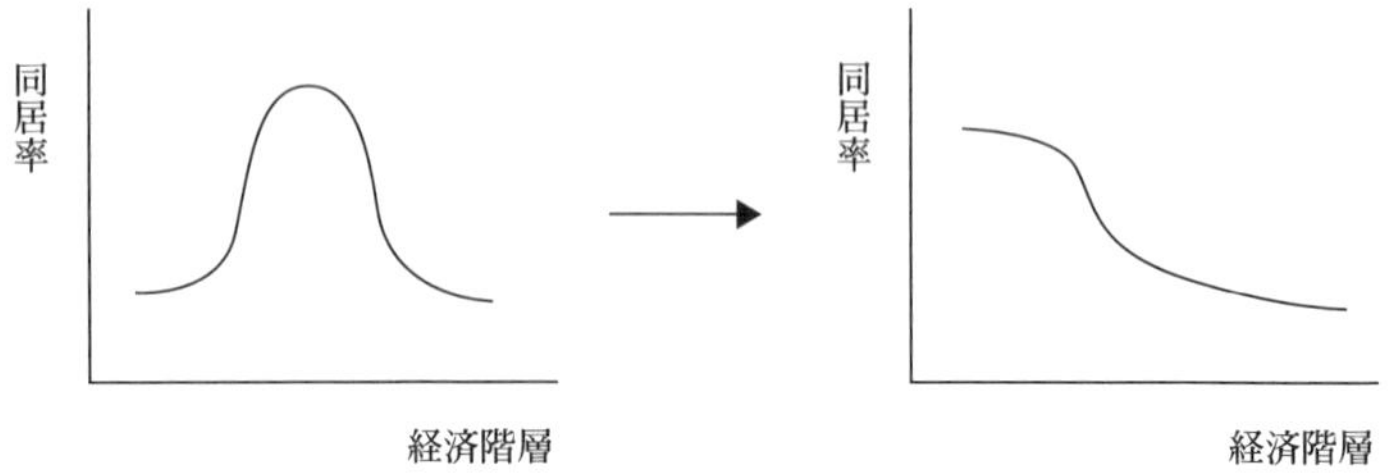

第二に、規範の変化の解釈は、両者の解釈とも納得しがたいものがある。

同居と階層の関係については、図5のような変化が見られたということであろう。

中間層にのみ注目すれば、シェルマンのいうように同居から別居へという規範の変化が見られる。しかし、どの階層にも共通した一つの同居規範が存在したというのは仮説に過ぎないだろう。その意味でチトメルスキーの批判は当たっている。

しかし、チトメルスキーが図5の左のような場合に根本的な規範が別居規範だとしているのには無理があろう。シェルマンの中間層への注目とは対照的に、チトメルスキーは上層と下層にのみ注目し、中間層を無視しているのではないだろうか。

第四章　〈家〉の残存の意義
——人格崇拝と国家

第三章では、スウェーデンの〈家〉が開放性をもっていたことを示し、そのため「国民の家」が唱えられえたという仮説を述べた。

本章では、開放性をもったスウェーデンの〈家〉と、老人介護の根拠である人格崇拝が、「国民の家」において結びつきえた背景を明らかにしたい。

具体的には、一九二八年に社会民主労働党党首ハンソンが議会で唱えた「国民の家」という理念が、老人介護を根拠づける論理をはらんでいたことを示す。ハンソンがどのような意図のもとに「国民の家」という考えをとなえ、成功したのかをまず明らかにしたい。そのうえで「国民の家」が人格崇拝と結びつきえた理由を示したい。

1　「国民の家」――人格崇拝と国父

デュルケムも指摘したように、人格崇拝の論理はつきつめれば国家の枠を超え、むしろ国民国家は不要になる（Durkheim［1950］1995：104-7/106-9）。人格崇拝の論理は、ある国家に所属するかどうかとは無関係に、すべての人の人格は崇拝されなければならないとするのであり、つきつめれば国家の枠を超え世界全体に広がっていく。だが現在にいたるまで、人格崇拝的な要素を実際の政策に組み込むには、国民国家が前提とされざるをえなかった。

第一章の最後に、老人福祉の根拠は、ハンソンのいう弱者保護のために福祉国家としての「国民の家」があるのだという、拡大された〈家の境界〉の論理からしか出てこなかったと考えられることを述べておいた。

もたらす帰結だけをみれば、拡大された〈家〉の境界の論理は、人格崇拝の論理と同じだ。しかし、国民国家を前提とするか否かで、両者は異なる。人格崇拝の論理が国民国家を前提とせず、その論理を貫徹するための機関としてだけいわばしぶしぶ国家を容認するのに対し、拡大された〈家〉の境界の論理は最初から国民国家を前提とせざるをえない。

ではスウェーデンの老人福祉では、拡大された〈家〉の論理と人格崇拝の論理のどちらが見られたのだろうか。それを、スウェーデンの「国民の家」というスローガンの分析をつうじて明らかに

したい。

したい。

1・1　国父と福祉国家

最初に、「国民の家」における「拡大された〈家〉の論理」の意味をより明らかにするために、ウェーバーの国父と福祉国家に関する議論を検討しよう。

国父と福祉国家の議論は、『支配の社会学』「十一　支配の構造、『心情』と生活態度」の家父長制家産制に関する議論としてあらわれる。

ウェーバーによれば、支配の構造は異なった生活態度を生み出し、封建制と家父長制家産制はきわめて顕著な違いを示す。彼は、封建制との対比において、家父長制的家産制が「福祉国家」という神話を要請する理由を説明する。

封建制が少数者（武装能力者）の支配であるのに対し、家父長制的家産制は唯一人の個人による大衆支配である。封建制は臣民の善意（guten Willen）なしにやってゆけるが、家父長制的家産制は大衆である臣民の善意に強く依存せざるをえない。家父長制は、個人支配をうち破ろうとする特権的諸身分の野望に、大衆を動員することで対抗する。

したがって、家父長制的家産制は、自分自身と臣民に対して、みずからを、臣民の「福祉」の保育者として、正当化せざるをえない。「福祉国家」こそ家産制の神話であり、それは誓約された誠実という自由な戦友関係に発したものではなく、父と子との間の権威主義的関係にもとづいている。

「国父」というのが家産制国家の理想なのである。したがって、家父長制は、特殊な「社会政策」の担い手たることがありうるし、また、大衆の好意を確保しなければならない十分な理由があるときは、事実、常に社会政策の担い手になった（Weber［1921-2］1972：652/世良訳 1962：391-2)。前半でウェーバーはまず家父長制家産制の支配形態（唯一人の個人による大衆支配）から臣民の善意に家父長が依存せざるをえないことを述べる。後半では臣民の善意を獲得するために、家父長制は父と子との間の権威主義的関係にもとづく「福祉」の保育者としての「国父」を要請するという。福祉国家のスローガンとして「国民の家」をとなえた社会民主労働党党首のハンソンが家父長制家産制（唯一人の個人による大衆支配）における君主でないことはもちろんである。しかし、大衆の善意を獲得する必要があった点では、「福祉」の保育者としての「国父」となる必要性はハンソンにもあった。

つまり、ウェーバーの国父の議論の前半の「唯一人の個人による大衆支配」の部分は以下では利用できないが、後半の議論は利用できる。以下では議論の後半だけに限った意味、すなわち「大衆の善意を獲得するために、父と子との間の権威主義的関係にもとづいて『福祉』を保育する者」という意味でのみ、「国父」を使っていきたい。

1・2　ハンソンの「国民の家」演説

ハンソンのとなえたスウェーデンの「国民の家」には、父と子との間の権威主義的関係にもとづく「国父」はあらわれていたのだろうか。

まず最初に、福祉国家のスローガンとして「国民の家」を用いたハンソンの議会演説(一九二八年)の内容をみてみよう。

ハンソンは演説でスウェーデン福祉国家の建設が必要であることを説くために「家」というイメージに訴えた。

家の基礎は共属感と共感にあります。いい家には、特権を持つ者も冷遇される者もなく、特別なお気に入りも、まま子もありません。……いい家には平等、思いやり、協力、助けようという意志があります。これを大きな国民と市民の家に適用するなら、それは市民を分け隔てているあらゆる社会的経済的障壁の破壊を意味するでしょう。その障壁は、市民を、特権を持つ者と冷遇される者に、支配する者と従属する者に、豊かな者と貧しい者に、有産者と無産者に、略奪者と非略奪者に現在分け隔てているのです。(Hansson 1935 : 19–20)

経営者と労働者の交渉は民主主義的な平等な精神に基づいて行わなければならず、「主人と奉公人という概念はまったく捨て去らなければなりません」(25)。産業の民主化、労資協調が望ましく、全体の利益と個人の最善の利益を同時に追求することは可能です(25–6)。

失業、病気、その他の事故や老後への援助を保障することによる、暮らしへの安心感は、個人に自分が市民であることをより意識させるようになります。それはまた社会への所属感、家という感情をも生み出しますが、これらは良き民主主義のしるしなのです。(28)

民主主義的な政治の大きな課題は、

われわれの国をよき市民の家にし、そこに建てて暮らす人々に暮らしへの安心感があり、お互いの最善のために全員が協力するようにすることです。(30)

以上のハンソンの「国民の家」演説には「父」は現れてこない。ウェーバーのいう「国父」を連想させる表現はハンソンの「国民の家」演説には見あたらない。

1・3 「国民の家」の多義性

スウェーデン政治思想の研究者T・ティルトンによれば、ハンソンが構想していたのは、全ての成員が平等な地位をもち、決定に集団的に参加する民主主義的な家族である。「国民の家」では家族成員は本質的な価値を持つ。彼らは金のために売買される商品ではない。彼らは価値があるとみなされるために常に生産し成果を上げる必要はない。彼らは人として受け入れられ正当に評価される（Tilton 1990：128–9；穴見 1997：140–1）。

ティルトンの解釈を前提とすれば、ハンソンの構想は、「国民の家」の成員は成果を上げなくても人として評価されるべきとする点で、デュルケムの人格崇拝を思わせるものである。第二章で示したように、何の成果をも生み出せえない老人に対して公的介護サービスを行う根拠は、デュルケムの人格崇拝からしか導き出せえない。ティルトンによれば、「国民の家」の論理はその出発点に人格崇拝の論理をおいているとみることができよう。

「国民の家」の全ての成員が平等な地位をもっているなら、「国民の家」には父と子との間の権威主義的関係にもとづく「国父」はいないはずである。

しかし、他方で「国民の家」が家父長的でありうることは当初から意識されていた。たとえば戦間期に蔵相となりケインズ主義的な財政政策を行ったE・ヴィグフォッシュは、「国民の家」が家父長的パターナリズムを意味しうるとして、「国民の家」という言葉を決して使わなかった。「国民の家」は家父長的な父親や態度、伝統的家族の典型のヒエラルヒー構造を暗示しうる。人びとが、国家とその市民の関係を、伝統的な家父長とその子供の関係のようにみなすことを彼は望まなかった（Tilton 1990：128）。

また、第一章で取り上げたヒルドマンもハンソンの「国民の家」が家父長的であると主張していた。ヒルドマンによれば、ハンソンにとって「良き家とはまず第一に弱く小さなものを保護する」家父長的なものであって、「エレン・ケイのいうような新しい社会主義的な人間を作るための場所ではない」（Hirdman 1989：90）。ヒルドマンはハンソンの「国民の家」を、社会主義的なエレン・ケイやミュルダール夫妻の社会工学的発想とはまったく異なるものとしてとらえていた。

以上をまとめると、ティルトンによれば「国民の家」には「国父」はいないことになり、ヴィグフォッシュやヒルドマンによれば「国民の家」には「国父」がいることになろう。

以上の解釈の各々の立場における人格崇拝と拡大された〈家〉と「国父」の関係を以下に示す。○×はそれぞれの論理の有無を表す。

	人格崇拝	拡大された〈家〉	「国父」
ティルトン	○	○	×
ヴィグフォッシュ・ヒルドマン	×	○	○

ティルトンは「国民の家」には権威主義的な面はないと主張し（Tilton 1990：128-9）、「国民の家」における人格崇拝的な論理のみを前面に押し出す。

しかし、以下で述べるように保守層をも取り込むメタファーとして「国民の家」をハンソンが利用しようとしたことを考え合わせれば、「国民の家」に権威主義的な面がまったくないという主張は適当ではないだろう。むしろ「国民の家」というレトリックは、人格崇拝の論理だけではなく、保守層をも動員しうる権威主義的で父性主義的な側面も合わせもっていた。曖昧にもみえる多義性を含んでいたために、「国民の家」というレトリックは全ての国民層からヘゲモニーを獲得するための戦略として有効に働きえたと考えられるのである。

2 〈家〉のレトリックの起源——有機体的思考

社会民主労働党はしばしば産業労働者の特殊利益のみを代表していると保守派から攻撃された。それをかわすために産業労働者だけでなくスウェーデンの「家」の全市民に幸福と安心感を与えるのが社民党だと一九二六年にハンソンはいっている（Hansson 1935：12, 17）。

この全市民の安心感という目標をシンボルとして表したのが「国民の家」だったが、それは保守派の有機体的思考を取り込んだものでもあった。

「国民の家」の起源に有機体的思考があったことを明らかにしたのは、思想史研究者のM・ハルベリィとT・ヨンソンの研究である。「国民の家（folkhem）」ということばは、政治学者であり保守政治家であったR・シェレーン（Rudolf Kjellén）が「ナショナリズムと社会主義」という新聞への寄稿で一九一二年に既に用いていた。その「国民の家」には有機体的思考が表れており、ハンソンもそれを取り込んでいた（Hallberg & Jonsson 1996：162）。

シェレーンはどのような思考の持ち主だったのか。政治学者のL・レヴィンによれば、シェレーンは自分のイデオロギーの全てをナショナリズム的思考の周りに築き上げた。国家は生物学的有機体であり、そこでは人々はすべて彼らの機能によって配置される。真の民族（folk）の意志は、議会制民主主義の特徴である政党の口喧嘩や戦略から表れるものではなく、指導者によって直観的に解釈される。のちにシェレーンは、民族は「従うべき強者」つまり君主制を必要とするという考えを明らかにした。指導者に従うことはすべての北欧民族の最も深い望みであり、特にスウェーデン民族は「自らへの圧制」を必要とする（Lewin 1992：129）。国家有機体説によく見られるようにシェレーンにおいては有機体的国家観と権威主義が結びついていた。

ふたたびハルベリィとヨンソンによれば、シェレーンは新右翼だった。対立する社会主義者とナショナリストは共闘する可能性があると彼は見ていた。共闘は政党としての社会主義と思想としての社会主義を区別することにより可能となる。一九一〇年にシェレーンはいう。

> 思想としての社会主義は、論理的また文法的には個人主義の対立項にほかならない。個人の権利の代わりに国家権力が強調される。連帯は民族（folk）全体に広がり、個人や一つの階級に閉じられることはない。一体性という考えは自由と対立する。政党としての社会主義は一体性という考えを労働者階級に閉じこめている。これは社会にとって危険である。一体性という考えを民族（folk）全体に広げるなら――階級社会主義の代わりに国家社会主義（nationalsocialism）を考えよ――社会にとっての危険は、すばらしい社会の力となる。（Hallberg & Jonsson 1996：157 強調原文）

シェレーンには、職能代表や利益組織が政府機関と協調して政策を決定・執行するというコーポラティズムの発想がある。目標は社会階級間のバランスをただすことにあり、階級闘争と利害対立は国家の最善のもとに従属されねばならない。これは彼の有機体としての国家像と結びついている。すべての異なる集団の利益は、全体の観点からは同様に価値のあるものである（158）。

このような視点からシェレーンは、国民（nation）と民族（folk）がしばしば同義語となるようなレトリックを発展させた。この二つはお互いに入れ替え可能であり、それらが何を表しているかは明らかでない。これらのすべての上に父なる国家、理性的組織がいずれにせよ輝いている（159）。

シェレーンの中では、全体の利益は、国民、国家、社会、祖国と同義語となる（161）。一九一二年、シェレーンは「国民の家（folkhem）」という言葉をはじめて用いて、「ナショナリズムと社会主義」を新聞へ寄稿する。

> 確かなことが一つある。スウェーデン自身の基盤の上に立ってのみ、スウェーデンを幸福な「国民の家（folkhem）」に作り上げることができるということだ。ナショナリズムの中だけに、時代の声に対抗する救世者が見いだせる。その声は、誤解されたインターナショナリズムの名の下に、大衆を自らの幸運な生活条件すなわち自分の最も内にある人格に対する不信へと導こうとしている。（162）

社民党は「国民の家」という保守的なレトリックを取り込んだだけでなく、このレトリックのもつ思想や政治的理想の部分も取り込んだ。言葉だけを取り込むことはできず、その言葉により思考のしかたも影響を受けざるをえない（161）。

階級闘争を唱えていた若い頃のハンソンとはまったく別の社会主義が現れる。階級闘争は「国民の家」社会主義のもとに否定されねばならない。特定の階級の利益は社会全体のために秩序づけられる。社会の利益が社会主義では支配する。社会主義が進むにつれ国民（folket）はエゴイズムを退けることを強制される（165）。

労働者階級だけにとどまらず全国民に対するヘゲモニーを獲得するため、ハンソンは「国民の家」というレトリックを発展させた。

ヘゲモニーはイデオロギーの同義語としてよく使われるが、ハルベリィとヨンソンによれば、それは間違いである。ヘゲモニーは様々なイデオロギーの純粋な妥協の産物であり、そこでは支配的なイデオロギーは対立するイデオロギーを統合し、それを肥やしにして拡大する。ハンソンは自分自身の構想世界に、以前には他人のものであった要素を統合することに成功した（127）。

一九一五―六年にはハンソンは伝統的な社会主義の用語を使っているが、一九二一年からは「国民の家」のレトリックを発展させ始める（132）。

ブルジョア社会は第一次世界大戦（1914-1918）の圧力下で社会主義的な考えを受け入れるようになった。参戦する諸国は国家による独占的規制と物資の分配をはじめた。危機的状況の圧力のもとでイギリスの労働者階級は産業上の挙国一致（borgfred）、すなわち共同目的に到達するための階級間協力へのイニシアチブをとった(1)。これら全てをハンソンは「社会主義的原理」の勝利として熱烈に賞賛した（132）(2)。

一九二一年にハンソンは「国民の家」と基本的には同じ表現を選挙演説で使っていた。彼は国民（nation）と祖国（fosterland）について集会で何度か語っている（128-9）。

ハンソンは、社会民主主義的要求の実現のためにマルクス主義的な階級用語が役に立たないのなら、国民的なるもの（det nationella）に選挙民を結集すればよいと考えていた。労働者階級とそれ以外の集団の両方でできるだけ多くの選挙民を動員するという目標からみれば、階級のレトリックは障害になりうるからである（130）。

以上のように権威主義的なシェレーンに「国民の家」は由来していた(3)。それを見れば、戦間期の蔵相のヴィグフォッシュが「国民の家」の家父長的な響きを嫌ったのももっともなことであった。ハンソンの「国民の家」に「国父」的な要素があったことは否定しがたい。

また、ハンソンの「国民の家」は、有機体的思考を取り込んだだけではなかった。女性が投票権を新たに獲得したことで、「国民の家」は別の意味で用いられえた。

一九一九年の女性投票権の導入により、女性票を取り込むことを各政党は余儀なくされた。保守派の女性たちは、家族や家、いわゆるブルジョア流の核家族に属する価値については自分たちが専売特許をもっていると考えていた。社民党の女性たちは彼女たちもブルジョア流の家族や家を守ろうとしているのだと主張せざるをえなかった(133-7)。そこでは「国民の家」の「家」はブルジョア流の家族や家を意味するものとして用いられた。

ハンソンはシェレーンに見られる有機体的思考を引き継ぐとともに、都会の核家族をモデルとした家族のイメージを「国民の家」に取り入れ、女性票の獲得につとめた。

ハンソンの「国民の家」がヘゲモニーを獲得しえたのは、このような「家」というメタファーのもつ多義性にあったと考えられるのである。

3 農場主＝家長と国父の接合

3・1 農場と国家の一体性の接合

また、K・サミュエルソンやE・ヴェンストレムによれば、二〇世紀初めのスウェーデンにおける救貧や年金制度をめぐる議論には、「家」というレトリックで農場の一体性と国家の一体性を連続させる議論が見られた。

農場における農場主すなわち家長が困窮した老人に対してもっていた義務が、イメージとして利用される。そこでは農場を支配する農場主が、農場で働く人々の「福祉」の保育者として現れる。スウェーデンの農場における農場主と奉公人の関係は、ウェーバーのいう家父長的家産制における君主と臣民の関係に近い。農場としての〈家〉には、「国父」に似た農場主＝家長がいた。

まずサミュエルソンによりつつ、世界初の国民年金制度(一九一三年導入)を提案した一九〇七年の老齢年金委員会の議論を見てみよう。委員会はかつては農場にすべての人を包み込む一体性があったことを強調した。

大部分の人がほとんど農場の生産物でそのまま生活しているかぎり、失業・傷病や事故、老齢による障害、就労不能といった不幸に対してはある程度の保護があった。自作農においては、ふつう親族が病気の者や老人の面倒を見ていた。また、農場主=家長(husbonden)が農場の人びとを養うのはより容易なことだった。援助はふつうフリンジ・ベネフィット(付加厚生給付)として出せたし、それにくわえ農場の仕事の性質上、老人や弱者でも何らかの仕事で有用になりえたのである(Samuelsson 1973:324-5/350)。

委員会によれば、農場社会においては老人や弱者も「労働力」となりえたという。これに対し、サミュエルソンは委員会にはかつての農場社会を美しく描き出そうというロマンティシズムがあると指摘する。実際にはすでに一八七〇年でも自作農は半分ほどで、多くは奉公人に過ぎなかった。十九世紀末前後の農民の窮乏化、アメリカ合衆国への移民、工業への下層階級の移動によって、一九〇七年委員会報告の頃には自作農は約三分の一に減っていた。

委員会はかつての経営者と労働者の人的結合の強さを強調しているだけだ。産業社会の進展により、かつての農場でのより安定した人的結合が解体したと委員会はいうが、その解体はかなり前から起こっていた。実際に二〇世紀への変わり目に起こったのは、産業労働者の状況という新しい問題の発見によって、無産者や零細農場の社会状況という古くからの問題も発見され始めたことである（325/351）。

ここで私は、委員会が年金導入のために使った論理に注目したい。委員会は、農場にすべての人びとを包み込む一体性があったことを強調する。経営者と労働者の人的結合の強さを称揚し、失われた共同体のイメージに訴えることによって、委員会は年金制度の導入を根拠づけようとした。委員会は年金制度という一種の保険を国民レベルで結ぶために、かつての農場の一体性を強調した。第二章でのロールズの議論の検討で確認したように、国民レベルでの保険を成立させるためには一体性のある農場という共同体のイメージに訴えかけることが必要だったのである。

このようにある社会を一体とみなす共同体論的なレトリックは、ヴェンストレムが紹介する議論の中にも見られる。

ヴェンストレムによれば、二〇世紀への変わり目には「家（hemmet）」は社会問題を解決する際の正しい方向を示すシンボルとして用いられた。それは、スウェーデン全土を一つの家にして安心感のシンボルとし、同時に一体性への脅威となりうる階級差をならして無くそうとするものであった（Wennström 1984：418）。

階級差をならして一体性を確保しようという考えは、第二章の「戦争と社会政策」でみた戦士共産主義を思わせるものだ。

ヴェンストレムは、以下のような二〇世紀初頭の議論から見れば、ハンソンの「国民の家」の演説の内容に新しいものは何もないという（429）。

一九〇六年、ソーシャルワーク中央協会（Centralförbundet för Socialt Arbete）は大規模な救貧会議を開いた。……そこでは社会を一つの大きな保険機関に変え、市民の間で危険と利得を分かち合うことが提案された。これで社会の階級差は少なくなり、スウェーデンが一つの国民（ett folk）になると人びとは考えた（424）。

ヴェンストレムの紹介するこの議論は、ロールズ的な保険の論理を唱えながら、一つの国民という共同体論的なレトリックを使っている。国民レベルでの保険の論理は国民レベルでの共同体を前提とせざるをえないことがここでも確認される。

3・2 〈家〉と効率性の結合

また、拡大された〈家〉の論理は次の議論の中にも見られる。

一九〇七年、社会雑誌（Social Tidskrift）にカローラ・サール・フォン・コッホは国家はすべての子供の父であると書いている。ここには新しい家父長制が感じられる。かつての家父長的な秩序の中では、農場主＝家長（husbonden）は奉公人の老いと困窮に対する義務を負っていた。現在は国全体が、国家を最終的な決定者とし全人口を労働力としてもつ一つの世帯（hushåll）、生産主体と見なされ始めている（427）。

このように国家が一つの生産主体とみなされるなら、国家はいわば一つの経営団体となる。第二章でウェーバーの議論から導いた「経営団体としての国家の合理化」過程はここでも進行することになろう。国家は国家間の経済的闘争に勝ち抜くために、国家経営の効率性を高めることを求められる。

かつての農場主＝家長が負った奉公人の老いと困窮に対する義務は、「経営団体としての農場」の効率性を高めるためであったとみることができる。農場社会では、農場を〈家〉とみなす拡大された〈家〉の論理は、効率性の論理と結びついた上で老人福祉の論理になることができた。サミュエルソンやヴェンストレムが指摘するように、産業社会であれば労働力になりえないような老人にもできる仕事が農場にはあった。農場では老人は「労働力」になりえたのだ。既にあげた老人の間借り人制度（inhyseshjon）は、このような農場社会の「労働」の特徴を前提としていたと考えられる。老人は農場の繁忙期に手伝いをするだけで間借りすることができた。そこでは繁忙期の手伝いという「労働」との交換で老人への宿の提供がなされえた。

しかし、ミュルダール夫妻の『人口問題の危機』によれば、産業化した社会では老人や軽い「精神薄弱者」が働く場はなくなっていく。産業社会においては、雇用関係において家父長的な要素が消滅する。このとき、不幸な者たちは自分たちの暮らしを道徳的に擁護し、必要最低限のものをえるだけの働きをする可能性を奪われていくようになる（Myrdal & Myrdal 1934 : 207 ; Lindquist 1997 : 75）。産業社会では老人たちは「労働力」になりえない。ミュルダール夫妻の論理にもとづくなら、産業社会の「国民の家」（＝拡大された〈家〉）で効率性の論理が働いたときには、「国民の家」は「労働力」になりえない者を徹底して排除する合理的な「経営団体としての〈家〉」としてあらわれる。そこから障害者断種政策の実施への距離は近い。(4)

3・3　効率性を越える国父

これに対して、ハンソンはミュルダール夫妻のような社会工学的発想から「国民の家」をとらえてはいなかった。第一章で述べたようにヒルドマンによれば、ハンソンは「家」を弱者を保護するものとしてとらえていた（Hirdman 1989）。ミュルダール夫妻のように産業社会で徹底した合理化を推進する「経営団体としての〈家〉」として「国民の家」をとらえてはいなかった。ハンソンの「国民の家」には、むしろ福祉の保育者としての「国父」の論理がある。

このヒルドマンの著作をスウェーデンの政治学者B・ロツシュタインは批判しているが、ハンソンの弱者を守るべき「家」というヒルドマンの記述には触れないままで、ミュルダール夫妻の取り上げ方をもっぱら批判する。ヒルドマンはミュルダール夫妻の社会工学的発想を批判したが、社会工学的発想は一九三〇年代の政治的議論の特徴にすぎず実際の政策の特徴ではなかった。当時、政策を実質的に決めたのはミュルダール夫妻ではなく社会省大臣のグスタフ・メラー（Gustav Möller）だったとヒルドマンを批判した（Rothstein 1998：171–80, 1994：206–16）。

ロツシュタインは、ハンソンの「国民の家」がコミュニタリアン（共同体論）的な価値を前提とするという解釈を否定するために、ミュルダール夫妻の社会工学的な発想に基づくパターナリズムは単なる政治的主張にすぎず、メラーが行った実際の政策はより個人の自己決定を尊重するものであったと主張している（Rothstein 1998：36–7）。

しかし、ミュルダール夫妻のパターナリズムが実際の政策に反映していないことと、ハンソンの「国民の家」に共同体論的発想があるかどうかはまったく別のことだ。

またパターナリズムが動き出すための論理の違いもロツシュタインは等閑に付している。社会工学的な発想、国家を効率的に運営したり、労働力の再生産に必要な人口を維持するというミュルダールのような発想から出てくるパターナリズム的な政策と、効率性だけでは説明しきれない、社会的損費にしかなり得ない老人福祉を成り立たせるハンソンのパターナリズムは、まったく別の論理によって突き動かされている。

ハンソンの「国民の家」には産業社会の効率性だけでは説明しきれない「国父」の論理があるのは明らかである。

3・4　国父と人格崇拝

そして「国父」と人格崇拝は結びつきうる。人格崇拝は「個人主義的道徳をその合理的表現とするような人間性の宗教」である（Durkheim［1898］1970：271/小関訳：42；佐々木・中嶋訳：214）。人格崇拝を宗教とみるなら、人格崇拝と「国父」思想は結合しうる。

そのことは、ウェーバー『法社会学』の家父長制と宗教に関する議論から導くことができる。ウェーバーによれば、君主が宗教的な規律を行うときには、家父長的な福祉行政は、正しい内的態度の育成をめざす「司牧」として現れる。

> 家父長制的行政の反形式的・実質的な性格がその頂点に達するのは、（世俗的または祭司的な）君主が真に宗教的な利益に奉仕する場合である。しかも、とりわけ、典礼主義的な宗教ではなくて、心情宗教の諸要請が、君主によって宣布されるという場合である。この場合には、神聖政治のあらゆる反形式的な諸傾向が――しかも、普通には、典礼主義的な・したがってまた形式的な神聖諸規範による制約が働くのに、この場合にはこの制約からも解放されて――、もっぱら正しい内的態度の育成のみをめざす・家父長的な福祉行政の無形式性と結びついてくる。こうなると家父長的な福祉行政は「司牧」の性格に近づく。[5] 法と倫理、法強制と父としての訓戒、これらの間のあらゆる柵はとり払われる。仏教王アショーカの諸詔勅は、この「家父長制的」類型に最も近いものである（Weber［1921-2］1972：487/世良訳 1974：446　強調原文）。

家父長制的行政が確定した諸原則を遵守するという意味で合理的であることは十分にありうる。しかし、

それがこの意味での合理性を持っている場合にも、このことは、その法的な思考手段が論理的な合理性をもっているという意味ではなくて、むしろ社会秩序の実質的な諸原理――それが政治的内容のものであれ、福祉功利的または倫理的内容のものであれ――が追究されているということを意味しているにすぎない（Weber［1921-2］1972：486／世良訳 1974：444　強調原文）。

家父長的行政が、〈効率性〉という原則を守るという意味で合理的となることはありうる。しかし、家父長的行政は、法的な思考手段が論理的な合理性をもつという意味での形式性に対しては反対する。形式的な合理性は倫理的な実質的な諸原理によって破られうる。それは家父長的行政が宗教的な利益に奉仕するときである。家父長制が〈人格崇拝〉という宗教に奉仕する場合は、〈人格崇拝〉という正しい内的態度の育成をもっぱらめざすことになり、その態度を仕込む「司牧」の性格に家父長的な福祉行政は近づきうる。

このように考えるとき、ハンソンは「国民の家」において人格崇拝という宗教に奉仕する「国父」として立ち現れてくる。

ハンソンの「国民の家」に人格崇拝と「国父」のどちらを読みとるかについて解釈の対立がある

ことはすでに述べた。いずれの解釈も人格崇拝と「国父」のどちらかだけを読みとろうとする点で不十分である。スウェーデンの「国民の家」には人格崇拝と「国父」の論理の両方があった。そこで人格崇拝と「国父」の論理が結びつきえた点にこそ、「国民の家」というレトリックの強みがあったと考えられるのだ。

では、人格崇拝と「国父」の論理がハンソンの「国民の家」において結びつきえたのはなぜだったのか。

4　人格崇拝をささえるもの

4・1　血縁と契約

第三章でみたように、スウェーデンの〈家〉では、隠居契約さえ結べば、日本の養子のような血縁の擬制もなしに、他人のままで老人の扶養を行うことができた。

スウェーデンの「国民の家」は「家」の多義性を利用して、ブルジョア型の核家族をモデルとしたのと同時に、このような血縁にこだわらない開放性をもった〈家〉をモデルとしていたと考えられる。

人格崇拝の論理は、日本のような血縁の考えの強い〈狭い家の境界〉を突き破っていく論理である。人格崇拝の論理は、かつてのスウェーデンのような血縁の擬制を必要としない開放性をもった

〈家の境界〉とむしろ適合しやすい。

このような血縁以外のものが道徳的役割を果たしうることはデュルケムも指摘していた。『社会分業論』第二版序文によれば、同業組合の起源は宗教的団体であって、同業組合は主として道徳的役割を果たしていた。ローマの同業組合は、その特有の神を持ち、共同して礼拝や祝宴や葬儀を行っていた。ローマ的同業組合は「一大家族」であったともいえ、利益の共同体である同業組合は血縁の代わりになった。このような同業組合が職業的道徳を確立することにデュルケムは期待した（Durkheim［1893］1978：XI-XXI/田原訳：9-16：井伊訳：上37-48)。同業組合が利益の共同体であることそれ自体は、同業組合が道徳的機能を果たすことを妨げるものではない。

家族や集団と血縁の関係づけについて、「人々は道徳的結合の例外的に強力な原因が血縁にあると信じる傾向がある」。しかし、「多くの社会では非血縁者が家族内に多数見出される」から、これは誤りである。たしかに血縁は個人の集団への集中化を容易にするが、他の要素もまた集団の原因となりうる。すなわち、利害の連帯、共通の危険への対抗のために、団結しようとする欲求も、集団の有力な原因となりうるのである。

スウェーデンの農場社会における「経営団体としての〈家〉」は、老人の隠居契約や間借り人などに血縁をまったく必要としない点で、デュルケムのいう利益の共同体でありながら道徳的機能を果たす一種の同業組合であったとみることができる。開放性をもった「経営団体としての〈家〉」

は同業組合的な機能を果たしえた。

そして同時に、農場としての〈家〉には、農場で働く人々の「福祉」の保育者である農場主＝家長がいた。農場主＝家長のイメージは「国父」に近いものであった。

このように歴史的に形成された〈家〉というレトリックを媒介にして、スウェーデンの「国民の家」では人格崇拝と「国父」の論理が結合しえた。

この結合が可能だったのは、逆説的にも、スウェーデンに〈家〉経営体が遅くまで残っていたためだと考えられる。イギリスなどと比べ近代化が遅く始まり、農場での〈家〉経営体がより遅くまでスウェーデンに残っていたからこそ、〈家〉のイメージは二〇世紀まで残り続け人々に理解されやすかった。そのため「国民の家」というレトリックは国民に訴える力を持っていたと考えられるのである。(6)

スウェーデンの福祉国家のデザインができあがってきたのは、少子化が進み、それへの対策が求められた一九三〇年代だったことは既に述べたとおりだ。少子化への危機感から保守層をも巻き込んで対策としての福祉政策が求められた時期に、農場での開かれた〈家〉経営体のイメージがまだ残っていたことが重要だったのではないか。少子化がはやく問題とされたために、残存していた〈家〉のイメージを利用して、「国民の家」という福祉国家のスローガンをスウェーデンでは唱えることができた。

これに対して、日本の「家」もかつては非血縁の奉公人を含むなど血縁を突破する一種の開放性を経営上の必要からもっていたが、少子化への対策が求められている二十一世紀の現在、そのような開かれた「家」のイメージはほとんど残っていない。日本が福祉国家のスローガンを作るとしても、「家」に頼ることはもはやできず、新たなイメージと論理をわれわれは探らなければならないだろう。

4・2 国民国家における人格崇拝と効率性

ただし、スウェーデンにおいても人格崇拝の論理だけが貫徹したわけではない。国民国家であるスウェーデンが人格崇拝の論理を政策に反映させるには、経営団体としての国家の論理である効率性の論理をも満たさなければならなかった。

有名な「国民の家」議会演説の二年前（一九二六年）に、ハンソンは「スウェーデンをスウェーデン人に！」という演説を行っている。

そこで既に、スウェーデンを全てのスウェーデン人にとっての「よき家」とするべきだとハンソンは主張していた。演説を読むと、そこでの「家」には二つの論理が読みとれる。人格崇拝と効率性の論理である。

第一に、人格崇拝的な面。ハンソンは、全市民に「幸福と安心感」を与えるべきであることを繰り返し強調する。国民に「安心感」をもたせることが、「家」や「社会」という感情につながると彼はいう。最終目的がすべての国民に「安心感」をもたせることであるなら、それは人格崇拝的な論理につながっていくであろう。

しかし、国民に「安心感」を与えることが最終目的ではなく、ある別の目的の手段にすぎないとしたら、「国民の家」では人格崇拝的な論理が貫徹しているとはいえない。そしてハンソンのこの演説は、最終目的を人格崇拝にではなく、効率性の追求に置いているようにも読めるのである。

第二の効率性の論理は次のような部分に読みとりうる。

全ての市民層の正当な利益を満たすことによって、スウェーデンを全てのスウェーデン人にとっての「よき家」とするべきだとハンソンは唱えた。そこには国民の貢献が見られるとハンソンはいう（Hansson 1935: 12）。また、社会保障を与えることで祖国との一体感と責任を感じさせることができるともいう（10）。ここには第二章の「戦争と社会政策」や「経営団体としての国家の合理化」で論じたような国民の動員という意味での効率性の論理が読みとれる。

「国民の家」には人格崇拝と国民動員という二つの論理がある。国民国家がこの二つの論理を持たざるをえないことはデュルケムも指摘していた。


周知のとおり国際紛争はいまだ消滅していないし、国家は相互関係においてある程度臨戦態勢にある。……国家の成員に対する第一の義務は、かれらが形成している集合的存在を無傷に保つことであるから、この目的のために、国家間の緊迫の度に応じて国家が組織されていなければならない。……そうした組織はすべて、人間の崇拝を目標にするものとは異なる道徳的な規律を前提とする。……その目標は国民的集合体であって、個人ではない。……われわれの道徳生活はかくして別々の方向に向かう二つの潮流に貫かれている。(Durkheim［1950］1995：104–5/106–7)

デュルケムによれば、われわれの道徳生活を貫く二つの潮流は人格崇拝と軍事的組織化である。臨戦態勢にある国家は「人間の崇拝を目標にするものとは異なる道徳的な規律」を必要とする。この規律は、第二章の「戦争と社会政策」や「経営団体としての国家の合理化」でみた国民動員や効率性のための規律に等しい。ハンソンの「国民の家」構想もまた、人格崇拝と効率性という二つの潮流に貫かれていた。

4・3　スウェーデン老人福祉——人格崇拝と効率性の協働

以後のスウェーデンの老人福祉の歴史にも人格崇拝と効率性の論理は協働しながら現れてくる。いくつかの例をあげよう。

第一に、かつての救貧施設ではさまざまな救貧受給者（老人、虚弱者、慢性疾患患者、精神病者、両親のない子供、アルコール中毒者など）が一緒にされており（Edebalk 1991：7）、これに対する批判が強まってきた。一九四七年に、障害者と慢性疾患患者を老人ホーム収容対象から外すことを国会は議決した（外山 1990：169；Edebalk & Lindgren 1996：141）。

これによって老人ホームから障害者や慢性患者が追い出された。老人ホームは老人のための施設へと純化する。老人という社会的カテゴリーが新たに作り出された。

ここには次のような論理が読みとりうるだろう。

障害者や慢性患者は社会の少数派だ。彼らの多くは社会に負担になるだけで、再び労働力となりうる可能性は少ないとここではみなされている。

しかし、人はだれでも老人になる。障害者や慢性患者に比べるなら、老人には少なくともかつては有用な存在だった者が多いだろう。分業における自分の職分で成果を生み出した者の「人格」がここでは崇拝されている。

かつて「労働力」として貢献したことに対する褒美として老人ホームは現れる。若い世代からみれば老後のご褒美が用意されているなら、精を出して働こうということになる。ここには国民動員や効率性の論理がある。

第二に、一九四九年に、作家のイヴァール・ロ・ヨハンソンは、老人ホームの施設性を批判するキャンペーンを始めた（Holgersson 1996：146；奥村 2000：35–6）。これをつうじて老人介護における在宅イデオロギーが前面に現れるようになる。

ホームヘルプ・サービスを利用した在宅生活は、老人自身の希望に添うという意味で、より「人道的」であると称された（Edebalk 1990：22）。ヨハンソンは、老人の施設ケアにかけている費用で、社会が自然な環境の中で老人に保護をあたえることが可能になると主張した（Holgersson 1996：148）。ここには、人格崇拝的な論理が用いられていると見ることができる。

しかし、在宅ケアへの流れは効率性の論理によくかなうものでもあった。老人へのホームヘルプに関する一九四〇―八〇年の国会での議論ではつねに効率性が前面に出ていた。ホームヘルプは老人ホームなどと比べ最も安くつくからよいという点では全政党が一致していた（Eiskonen et al. 1982：16–7）。在宅ケア・サービスの確立を前提として老人の自立をはかる目的は、福祉政策上からいえば、財政上の利点に加え、雇用の増加にあったのである（Holgersson 1996：137）。

スウェーデンにおいても、効率性の論理と両立するときにはじめて人格崇拝の論理は成立しえた。人格崇拝的な論理が効率性の論理を押しのけてまで貫徹することは少なかったと考えられるのである。

このような視点から見れば、いわゆるノーマライゼーションの原則がどのように位置づけられるのかも問題になってくる。医療介護研究者のL・アンデションによれば、スウェーデンの老人介護におけるノーマライゼーションの原則とは、すべての人が自分の親しんだ環境の中でできる限り通常の関係の中で生きることとされる（Andersson 1986：225）。そこには人格崇拝的な論理も読みとりうるようにも思える。

しかし、アンデションによれば、スウェーデンの老人介護におけるノーマライゼーションの原則は、特に在宅介護への方向性を持ちつつ、親族の役割を活性化させてきた。そこでは親族介護が理想化され、その可能性が過大評価される傾向がある。

ノーマライゼーションの原則は、公的介護への国の財政負担を減らすという意味で、まさに効率性の論理としても働きうるのである。

つまり、人格崇拝の論理だけが、効率性の論理を無視して貫徹することは非常にまれである。効率性をまったく度外視して、政策がとられることはまず考えられない。政策の実行性という点から見れば、効率性の視点を無視できると考えるのは非現実的にすぎる。

ただ、効率性だけを重視するという立場は、人格崇拝の論理を最大限尊重しながら効率性も重視するという立場とは似て非なるものだ。効率性のみの追求は、既に述べた障害者の断種政策（二文字・椎木 2000）に容易につながっていく。そうでない人格崇拝の論理の尊重は、どのような社会の土壌の上に成り立つことができるのだろうか。つぎの第III部ではさらに問題を掘り下げ、人格崇拝の宗教的契機や象徴を日本やスウェーデンに求めていくことにしたい。

注

（1）第二次世界大戦下のスウェーデンにおける挙国一致も戦後の福祉制度に影響を与えた。Olsson (1993 : 110-1) を見よ。

（2）これは第二章の「規律と福祉国家」のもとで検討した「戦争と社会政策」の議論で説明できよう。

（3）シェレーンの「国民の家」はハンソンの「国民の家」に継承されたと、石原（1998 : 101）も指摘している。シェレーンの保守主義思想を詳細に検討しているので、石原（1997 a, 1997 b）とあわせて参照されたい。

また、Lagergren（1999：116-7）もシェレーンとハンソンが社会を有機体としてとらえる点は同じだと指摘する。

（4）一九三〇年代のスウェーデンの出生率低下は深刻な問題で、このままでは国がなくなるのではないかと危惧された。そのような状況の中でミュルダール夫妻は『人口問題の危機』を出版する（Myrdal & Myrdal 1934）。そこで夫妻は出生率の増加だけでなく、国民の質の向上が必要だとし、障害者の断種手術の実施を肯定的に論じている（217-26）。
それまでの断種手術は、人種生物学（rasbiologi）の立場から主張されていた。

しかし、ミュルダール夫妻は人種を否定する。彼らはゲルマン人種妄想などまったく意に介さなかった。彼らは常に人口を生物学的な存在としてではなく、数学的、物理学的な量として捉えた。人種は政治には何の役にも立たない質的な概念である。ミュルダールはスウェーデンの一九三〇年代の人口減少の議論を脱生物学化し、社会工学の対象とした。（Broberg & Tydén 1991：55；Broberg & Roll-Hansen 1996：97）

（5）彼は「万人はわが子である」としてダルマ（普遍的倫理）にもとづく政治の実施につとめ、その全領土に非暴力と平和とを保証したといわれる。彼の政治では、法と倫理とが密接不離の関係にあり、国王の官吏組織を通じて、法も倫理もともに他律的に人民に強制した（世良訳 1974: 452）。

（6）スウェーデンのジャーナリストであるザレンバは、連帯主義的な「国民の家」の起源はスウェーデン農民の伝統的な村落共同体にあると主張する（Zaremba 1987；Davidson 1989：20, 31, 349, 364）。
スウェーデンは封建時代とブルジョア革命のどちらも経験しなかったため、個人の権利という概念はほとんど発展せず、かわりに古い村落共同体にもとづく「連帯」という概念が強く発展した。つまり、社会民主労働党の「国民の家」は本質的には国家レベルに広がった村落共同体であり、そこでは個人は集団に従属しすべての人が平等に扱われなければならない。その結果、スウェーデン福祉国家は厳密な父親的温情主義と普遍主義の形態をとり、いかなる分野においてもその形態からの後退に強く抵抗した。

ザレンバは、ある意味で現代のスウェーデン福祉国家の基礎を作ったのは農民のための政党である農民同盟だともいう（Davidson 1989：20）。実際、最初の社民党単独内閣の首相となったハンソンは農民同盟とのインフォーマルな連合を基礎にして社会改革に着手し、一九三六年には農民同盟を公式な連合パートナーとして閣内に迎えた。この社会民主労働党と農民同盟のいわゆる「赤-緑連合」は、第二次大戦の開始に対応してハンソンが救国・挙国一致連合政権を選択する一九三九年まで続くことになった（岡沢 1991：49–52）。

第Ⅲ部　日本とスウェーデンの死と生

第五章　日本の伝統的世界観と人格崇拝

1　縁約と死後の幸福

第四章でみたように、ハンソンが「国民の家」というレトリックでスウェーデンの〈家〉を国家全体に拡大することができたのは、スウェーデン社会の中で作られてきた〈家〉の中に境界の拡大を許しうる開放性がもともとあったからだと考えられる。

第三章でみたように、スウェーデンの〈家〉では血縁関係にない者が老人と隠居契約をむすび老人の世話をうけおっても、老人の養子にはならず、他人のままで老人を扶養した。スウェーデンの〈家〉には、契約さえ結べば、血縁の擬制なしに他人をも含みうる、という開放性がもともとあった。

一方、日本で養子のような血縁の擬制をする必要があるのは、血縁の子孫に祀ってもらいたいという祖先祭祀の考えのためである。それがなく、財産の代わりに老後の面倒を見てもらうだけなら、隠居契約のような契約だけで十分である。なにもわざわざ血縁を擬制し養子にする必要はない。

自分が死んだ後には子孫に祀ってもらいたいが、子孫はできれば血縁がいい。しかし自分には子供がない。他の人の子供を自分の子孫にするしかないが、せめてその子と自分の間には血縁関係があることにしておきたい。これが血縁を擬制する理由である（Mitterauer 1990：120/130）。

これに対して、スウェーデンでは祖先崇拝は少なくとも十二世紀にはキリスト教の浸透により消滅した（本間 1996）。家の祖先祭祀は、ヨーロッパでは早い時代に衰退し、キリスト教によって徹底的に打破される。キリスト教は共同体宗教であり、祖先祭祀の名残は迷信や慣習へと追いやられ、宗教的な共同生活は教区において組織された。墓場も教区の周辺に集められ、教会が祭祀機能を担った。これによって家は、祖先との連続性を断たれ、家の連続性という系譜的な血統の価値も原理的に否定された。血統よりも改心に救済の基礎をおくキリスト教の場合、祖先から子孫へという家の連続性や血統の確保は、もはや宗教的意義をもちえなかったからである（若尾 1998）。キリスト教では血縁の子孫に祀ってもらう必要はない。そのため、血縁の擬制にこだわることなく、スウェーデンでは隠居契約を結ぶだけで十分だと考えられたわけだ。

このように血縁の擬制にこだわらず契約のみで他人を受け入れる〈家〉を基盤としたスウェーデンの「国民の家」は、日本のかつての家族国家論とは異なる論理構造を持っていた。日本の家族国家論も「家」を国家に拡大したものだが、スウェーデンと異なるのは天皇を家長とし、「養子」という血縁の擬制を利用した点である。

かつての大日本帝国では、中国や朝鮮という異民族をも含む多民族帝国が家族に擬せられた。これは家族＝血縁という定義を維持し続けたままでは、論理上ありえないことである。帝国内の異民族と日本民族には血縁関係はないからだ。

血縁関係のない異民族が帝国という「家」の一員になるには、二つの方法がある。第一に、（スウェーデンの隠居契約のように）血縁関係は無しのままで「家」の一員になるという契約を結ぶ。第二に、「養子」契約により血縁関係を擬制して「家」の一員になる。血縁関係の処理の仕方はこの二つの方法しかない。

そしてスウェーデンのように血縁関係は無しのままでも契約を結べば〈家〉の一員になるという論理は、日本の家族国家論にはなかった。第一の方法は日本は採らなかった。日本の家族国家論は血縁関係を擬制し、帝国内の異民族は「養子」だという論理を採用した（小熊 1995：146–51）。しかし、それは血縁関係のない「養子」契約という慣習を持たない旧中国・朝鮮の人びとに理解されなかった。中国・朝鮮では、異姓の者、すなわち祖先を同じくしない者は養子にしてはならないという異姓不養の原則があり、同姓以外の養子はほとんど認められないからであった（377–94）(1)。

これに対し、日本では血縁は「養子」契約を結びさえすれば作り出しうると考える。ここには血縁性と契約性がある。中国系アメリカ人の人類学者F・L・K・シューはこれを「縁約の原理」と

図6　日本の縁約原理の位置づけ

よんだ（Hsu 1963：訳303–4）。つまり図6のように、中国・朝鮮の血縁と、スウェーデンの隠居契約が対立軸を作り、その中間に日本の縁約は位置するということができる。

日本とスウェーデンを比べると、老人介護の最終的な根拠である人格崇拝の論理は、スウェーデンの〈家〉の方に結びつきやすいだろう。人格崇拝は、日本のような血縁の擬制を不可欠とする狭い「家の境界」を突き破っていく論理である。血縁の擬制を必要とせず、開放性のあるスウェーデンの〈家の境界〉に、人格崇拝の論理はより結びつきやすい。

しかし、日本と中国・朝鮮を比べると、また違った図が見えてくる。血縁の擬制を例外的にしか認めない中国・朝鮮に比べれば、日本の「家の境界」はより開放的である。中国・朝鮮に比べれば、血縁の擬制を認める日本の「家の境界」の方が、人格崇拝的な論理によりなじみやすいとも考えられる。

では、なぜ血縁に中国・朝鮮のひとびとはこだわるのか、それは血縁の子孫に祀られないと死後の幸福が得られないと考えるからである。それぞれの社会の「家」の論理の根本をつきつめていくと、それぞれの社会の人びとが、死者がどのような関係の生者に、どのように祀られれば幸福になれると考えるかという死後の幸福観につきあたる。

公的な老人介護サービスを根拠づける人格崇拝は、あらゆる老人に「聖なるもの」を見いだす論理である。そのような論理は日本における死後の幸福観の中にも見いだすことができるのだろうか。そのような視点から、本章では2節から4節で、「家の境界」を突破し公的老人介護を根拠づける人格崇拝の論理の契機が、祖霊の融合化という日本の伝統的世界観の中に見いだしうるかどうかを、柳田国男の著作を中心にして検討する。ポイントとなるのは無縁仏をどう考えるかである。

現代日本においては、一人っ子の家が増えているうえに、子供を持たない夫婦も独身者も増加しつつある（伊田 2003：14–23、阿藤 1996：11–21）。祀ってくれる「子孫」のいない無縁仏予備軍は増え続けるばかりのようにみえる。また家族のある老人でも施設に入り、家族と無縁な生活を送る人もいる。家族内での老人の無縁化もまたすすみつつあるようにもみえる。このような状況の中で「無縁」の老人を日本でどのように位置づけるべきか。この問題は、すべての老人に「聖なるもの」を見いだす人格崇拝の論理をどのような形で日本に根付かせるかを考えるためにも重要なものである。

そこで5節では、そもそも無縁なるものは存在しないという世界観を示すものとして水俣の自然霊体への融合回帰をとりあげ、それが人格崇拝やベルクソンのいう「開いた宗教」につうじることを指摘する。

6節では、もともとは縁のない人びとが一つの墓に入る共同墓をとりあげる。墓は「家の境界」

を象徴するものだが、墓が共同化されることで「家の境界」の意識が突破され、人格崇拝的な論理が広がっていくことになるのかどうか。そういう視点から、スウェーデンの先行研究の検討や日本の共同墓の調査報告を行う。

2 祖霊への融合化

人格崇拝の論理は、自分とはまったく縁のない痴呆老人であっても、その老人に生命のある限り人格を認め、その人格そのものを「聖なるもの」とみなすことであった。つまり、人格崇拝は、自分の家と縁のある身内の老人だから介護するという個別主義を超え、家と縁があろうとなかろうと普遍的にすべての老人を介護するのだという普遍主義にいたることを可能にする。その意味で、人格崇拝の論理は、日本のような血縁の考えの強い「家の境界」を突き破っていく論理である。

このように老人を聖なる存在と見なし、「家の境界」を突破していく人格崇拝の論理に似たものが、日本の伝統的世界観にもあるのではないか。日本民俗学をつくりだした柳田国男が述べた、祖霊が異なる氏の間で融合し、異なる氏の人々の共通の氏神となる過程の中に、血縁という閉鎖的な関係性を克服する論理があるのではないか。このような問題意識から『先祖の話』を中心に柳田の著作を検討してみたい(2)。

2・1　人は神となる存在

ここで手がかりとなるのが政治思想研究者の川田稔による柳田解釈である。川田によれば、柳田の著作の世界の中では老人ばかりでなくすべての人がいずれ神となる存在として尊ばれるべき存在であった。「老人ばかりでなく、一般に人はすべて神となる存在であり、不幸にして身体的もしくは精神的障害により、たとえ何らかの社会的役割を果たすことが困難な人びとでも、神となるべき存在であり、その意味で尊ばれるべき存在と考えられていたのである。」「ただしそれは子孫の供養を受ける限りにおいて」（川田 1998：35）であった。

柳田自身の著作でも「盆にこうして還って来て、ゆっくりと遊んで行く家を持つ」（柳田［1946］1969：114）先祖にならないと、聖なる存在にはなりえないとされている。

2・2　非血縁の「子孫」の供養による血縁の突破

ただし柳田によれば、先祖には、血縁関係がない「子孫」でも「子孫」の供養さえ受ければ、なりうるとされる。柳田のいう祖先は「さまざまな関係で家に属して死んでいった人々の集団」、いわば先祖共同体である。家に関連していれば「直接の血縁的祖先でなくても、他に祭る人のない死霊はすべてこの中に含まれる」（中村 1985：100、柳田［1946］1969：7）。

すぐれた成果を生み出した先祖だけが尊いのではない。優れた事跡を残しえた先祖ばかりが「あまりに鮮やかに拝み祭られる結果は、幾多の陰の霊を無縁とも柿の葉とも言われるようなものに落とす」。血縁がなくても先祖である以上、「活きている間は一体となって働き、泣くにも喜ぶにも常にその一部であった者」は尊いのである。それらの者を「寂しい個人の霊」にするべきではない（柳田［1946］1969：107–8）。

柳田の論理によれば、ある者は優れた成果を生み出さずとも、供養してくれる「子孫」さえいれば、先祖となり聖なる存在になりうる。ある者が、血縁関係のない「子孫」に供養され先祖となり聖なる存在になったとき、すでに血縁は突破されている。

だが、血縁関係のない「子孫」すらいない無縁の霊はどうなるのか。

2・3　無縁仏への態度

無縁仏も先祖と同様に供養されなければならないという観念が成立しない以上、すべての人が神となっていく存在として尊ばれるという論理は出てこない。

柳田の無縁仏への態度はどういうものだったのだろうか。

宗教社会学者の森岡清美によれば、柳田の無縁仏への態度には転換があるという。柳田の無縁仏の見かたは、害を避けるためただ追いはらうものという観念から、なによりもまず供養するという観念へと変化した（森岡 1984：270–6）。当初は死者を忌む観念、危険な死霊との絶縁を強調していた（柳田［1917］1969：567）が、死者との親密な交流を強調するようになった（柳田［1946］1969：113）という。

しかし、この森岡の議論にはいささか無理があろう。たとえば森岡が根拠としてあげた柳田の『先祖の話』には以下のような表現がある。第一に、先祖祭は、外精霊、無縁仏などのために「余分の座」をこしらえ「なければならぬようにな」って「大へんに煩わしいものとな」った。第二に、外精霊、無縁仏の供養は「先祖の祭に対して、一種の外郭行事」である（柳田［1946］1969：90-2）。この表現を見るかぎり柳田は無縁仏への接待に二次的な位置づけを与えていたと考えざるをえない。柳田は「家産を保持している『常民』を前提とし、『血すぢ』の子孫から祭祀される先祖霊を理想的姿と描き、無縁仏をも包摂していく世界観へは到達しえなかった」（孝本 1986：9）という評価がむしろ一般的であろう。

ただし柳田は無縁仏を二種類に分け、一方の無縁仏は先祖となりうると主張した。二種類の無縁仏とは「文字通り家とまったく縁のない亡霊」と「家の族員にして未婚のままで死んだ者」である。前者は「無頼乞食の徒に該当するような、餓鬼」で、後者は「祖父の弟妹や曾祖父母の愛娘というがごとき、若くして世を去ったいたいけな魂」である。この両者の「混乱は明らかに家々にとっての不幸であった」（柳田［1946］1969：72-4）。

後者の無縁仏は先祖になりうると考えるべきだと柳田は主張する。直系の血縁関係のある子孫に祀られなければ先祖になれないのではなく、無縁仏は縁のあった家の「子孫」（直系でも血縁でなくてもよい）から祭られれば先祖になりうる。非血縁者を含む「広義の先祖」がここに現れる。第二次大戦の敗戦前後に執筆した『先祖の話』で、戦死した若者が無縁仏になってはならないと柳田はいう。「少なくとも国のために戦って死んだ若人だけは、何としてもこれを仏徒のいう無縁ぼとけの列に、疎外しておくわけには行くまいと思う。……必ず直系の子孫が祭るのでなければ、血色ということができぬという風な、いわゆる一代人の思想に訂正を加えなければならぬであろう。……古来わが邦には……血縁の繋がりのない者にも、家名を承け継がせた習わしがよく発達している」(151-2)。

これに対し、前者の無縁仏すなわち「文字通り家とまったく縁のない亡霊」の供養は「煩わしい」ものにすぎないと柳田はとらえていた。前者の無縁仏だけが柳田にとっては本来的な無縁仏であり、「狭義の無縁仏」といえよう。森岡は柳田の死者観の転換を強調したが、柳田の死者観は転換したのではなく、むしろ①広義の先祖という死者と②狭義の無縁仏という死者へと重層化したのである。(3) ②狭義の無縁仏とも親密に交流すべきだという主張を柳田はしていない。

つまり、柳田において血縁を突破して先祖となりうる無縁仏は、あくまで「子孫」から祀られる広義の先祖である無縁仏に限られる。

では「子孫」から祀られない「狭義の無縁仏」は聖なる存在になりえないのか。

3 生まれかわり

祀ってくれる「子孫」を必須とする閉鎖的な先祖観を突破し「狭義の無縁仏」にも聖性を見いだ

す論理は、柳田のいう、祖霊が、異なる氏の間で融合し、異なる氏の人々にとって共通の氏神となる、祖霊の融合化の過程の中に見いだせるだろうか。

結論からいえば祖霊の融合化の過程だけでは「狭義の無縁仏」に聖性を見いだす論理は見いだしにくい。それに加え、生まれかわりの観念が必要である。「子孫」から祀られず無縁仏となっていくだろう生者も、もともと祖霊の融合体である氏神の生まれかわりだと考えるなら、聖性が認められうる。それを柳田の著作に読み込むことを以下で試みたい。

3・1 「神になる」ことと「生まれ替り」の関係

柳田は『先祖の話』で故人の霊はやがて大きな霊体に融合化して「神と祭られ」個人格を失うとした。それとともに生まれかわりについて次のように述べている。

①「修行の累積をもって、だんだんと高い世界に進み得るということ、これはわたしのいうみたまの清まわり、すなわち現世の汚濁から遠ざかるにつれて、神と呼ばれてよい地位に登るという考え方とは、同じものでないと思うわけは、前者はいかなる世界へでもなお個人格を携えあるくのに、こちらはある期間が過ぎてしまうと、いつとなく大きな霊体の中に融合して行くように感じられる。この点はわたしの力では保証することができぬが、ともかくも神と祭られるようになってからは、もはや生まれ替わりの機会はないらしいのである。」（柳田［1946］1969：144、強

調引用者）
②「神になるというのと、生まれ替るというのとは、必ずしも両立せぬ考え方ではない。死後ある期間に再び人間に出現しなかった霊が、永く祖神となって家を護り、またこの国土を守ろうとするものと、昔の人たちは考えていたのかも知れない。」（96. 強調引用者）

①の命題「神と祭られたあとは生まれ替われない」と②の命題「神になることと生まれ替ることは両立する」は一見矛盾するように見えるが、②の命題を霊には一定期間（三十三年の弔いあげなど）をへて神になるコースと、神になる一定期間をへる前に生まれ替るコースという二つのまったく別のコースがあるという意味で取れば、①と②は矛盾せず両立する。①と②の命題をこう解釈するとき、一つの霊が一定期間をへて「神にな」った後に「生まれ替る」というコースをとることはありえないことになる。

しかし、それでは、祖霊の融合体である氏神から子供が宮参りで魂を入れてもらうこと（柳田［1946］1969：145）と矛盾するだろう。宮参りにおいて、個人格を失っていた祖霊の融合体は、個別の生まれかわり先の肉体に再び個人格をもって現れることになる。宮参りの魂入れでは、個人格を失い「神とな」った後に、祖霊の融合体である「神」が「生まれ替」っていると考えざるをえない。[4]

このように考えた場合、霊魂は二つの場に存在しうることになる。すなわち、祖霊の融合体という場と生まれかわり先の肉体という場の二つである。

二つの場に霊魂が存在すると人びとが考えることはありうるだろうか。というのは、祖霊は子孫を見守る存在とされるが、祖霊は子供が受胎された瞬間に一つの肉体に入り込むから、子供の霊魂と混同してしまって、子供を外部から庇護できないはずだ、とも思われるからである（Durkheim 1912：393-4/下-74）。

しかし、論理上、二つの場に霊魂が存在すると考えることはできる。デュルケムがオーストラリアの氏族について述べたように、実際には祖先はすべて化身するのではなく、二分割されるだけだ。その一部は婦人の身体に入り込んで受胎させる。他の一部は依然として外部に存在して守護霊の役を果たす。ある氏族の成員の霊魂とその霊魂を生み出す祖霊は、同じ一つの存在の異なった二面にすぎない（Durkheim 1912：393-4/下-74）。

柳田における祖霊の融合体と生まれかわり先の霊魂も、同じ一つの存在の異なった二面であると考えうる。

柳田の見いだした日本の祖霊の融合体の論理には、人間の聖性を導き出すデュルケムの人格崇拝の論理とたいへんよく似た部分がある。人格崇拝では特定の個人自体が聖なる存在なのではない。特定の個人ではなく、個人の肉体の中に人格として存在する、すべての人間に共通の源泉である人間性が尊いのである。人格崇拝は、すべてのメンバーに共通した源泉があると想定し、そこから個人の人格や霊魂を導き出す点において、日本の祖霊の論理構造と似ている。

人格崇拝における人間性と、日本の祖霊観念の違いは、後者だけに「家」に縁のある先祖という境界が存在する点にある。デュルケムの人格崇拝における人間性の聖性は、血縁や氏族や国家を超え世界に広がっていく。そこでは世界における人間性の聖性は本来一つでしかありえない。これに対し祖霊や祖霊の融合体である氏神の観念体系においては、さまざまな聖性の源泉が同時に分立しうる。たとえていえば、人格崇拝での人間性の聖性は世界に広がる一つの大洋であり、祖霊や氏神は離ればなれの島々に一つずつある泉である。

さまざまな氏神すなわち祖霊の融合体は、それぞれの島の人々にとっては聖性の源泉であろう。だが、一つの島の泉である祖霊の融合体を、他の島の人々は聖性ではなく、ケガレの源泉とみなすことがありうる。お互いの島の泉がそれぞれすべて聖性の源泉であるとみなすためには、もう一つの観念が必要である。

3・2　生まれかわりによる血縁の突破

その観念が生まれかわりによる血縁の突破である。生まれかわりによって、祖霊の融合体という聖性の源泉から、血縁を越えた生まれかわり先の肉体の中に聖性は転生しうる。ある祖霊融合体の聖性は、血縁や地縁を突破し、非血縁者の「狭義の無縁仏」にも生まれかわりうる。

一般的な柳田解釈は、祖霊の融合体の生まれかわり先は「血筋の末」に限られるという閉じた円環型であろう（坪井［1984］1995：502–3）。しかし柳田自身も血縁を越える生まれかわりは認めてい

図7　血縁を越える生まれかわり

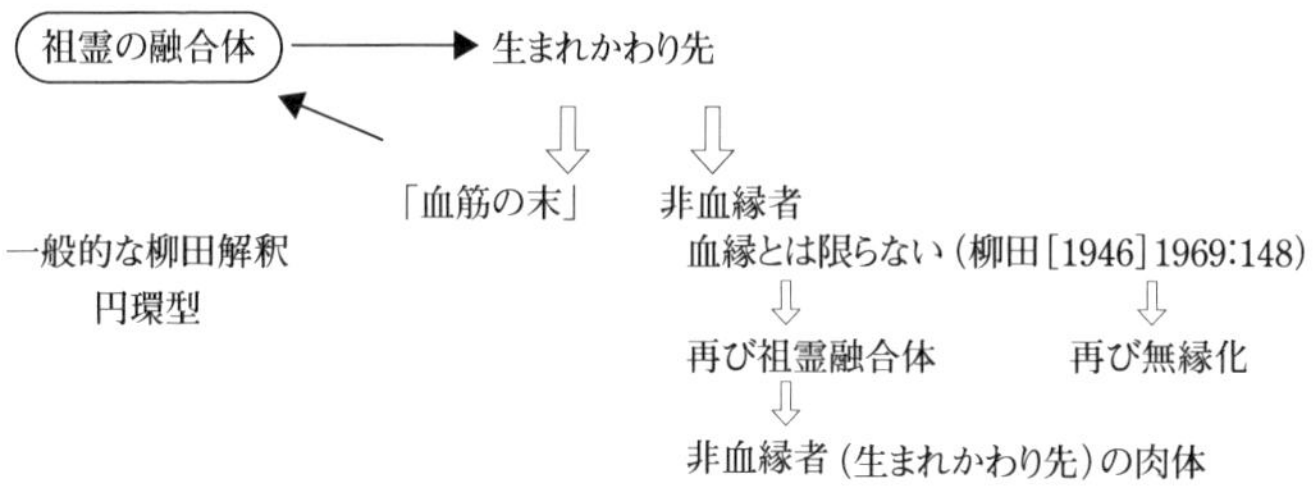

る（柳田［1946］1969：148）。これを読み込めば、生まれかわりによる血縁の突破、聖性の転生という解釈は可能となる。

　このような解釈を補強するのは、生まれかわり先は血縁とは限らないという、ウレツキ塔婆に関する伝承である。三十三年の弔い上げの時に、枝葉のついた生木の塔婆、ウレツキ塔婆をたてることがあり、この塔婆が根付くと「死者の霊魂がどこかに再生した」といわれる（島村 2000：241-2）。民俗学者の戸塚ひろみによれば、これは祖霊の中に、家に縛られずにどこかに再生する霊がいること、「霊魂」と名付けられたものが単純に「家」という論理に拘束されていたのではないということを示す（戸塚 2000：40, 61）。

　祖霊は家という境界を突破してどこかに再生しうる。日本の一部の民俗の中には、聖性の源泉である祖霊自体のなかに、家という境界を突破していく再生の論理がもともとあった。

3・3　無縁仏の永遠回帰

無縁仏となっていく生者もともと祖霊の融合体の生まれかわ

りだったと考えうるならば、自分の生まれかわり元の祖霊融合体から受け継いだ聖性が認められうる。

しかし、聖性が認められるのは生まれかわりの元が祖霊融合体である無縁仏に限られる。死ぬ寸前の身寄りのない老人など、無縁仏となるだろう生者が、どこまでその始源をたどっていっても生まれかわり元が無縁仏である場合には、その生者には聖性は認められない。

ここで想定している無縁仏となるだろう生者はたとえば次のように思考する。自分は死のうとしているが、この世にやり残したことが多すぎる。三十三年の弔い上げがすむと祖霊に融合し個人格がなくなってしまう。弔い上げによって個人格を失う前に、自分はもう一度この世に生まれかわってやり残したことをやってみたい。

このような望みがさらにすすむと、一度だけ生まれかわるだけではなく、何度でも個人格を失う前にこの世に生まれかわってきて、自分の願いや仕事や欲望を永遠に追求しようとする。ここには、何度生まれかわってでも、この世で自分のやりたいことをあくまで追求しようという、たたりといってもよい生への激しい執着がある。

この世に激しい執着をもつ者は、自らの意志によって、祖霊と融合し個人格を失うことを永遠に拒否し、何度もこの世に生まれかわり続けようとする。祖霊融合体と縁をむすぶことを拒否し、あえて無縁の存在のままで、永遠にこの世に回帰しつづける。ここには、従来の祖霊化の円環構造とは別の、無縁仏の永遠回帰のサイクルがある。

無縁を永遠に回帰する霊のあり方は、どこまでも個人格を失わないインドの輪廻の考えに近い。インドの輪廻は徹底した個人責任の思想であり、日本のような祖霊への融合による個人格の消滅という発想はない(5)。それと同様に、日本において無縁の中を永遠に回帰し続ける個人的な霊は、もし生まれかわりによって肉体を得ることがあるとしても、どこまでも個人格を失わないインド的な輪廻をへめぐるのであり、どれほど生まれかわりを繰り返そうが祖霊と融合して個人格を失うなどという事態が生じることはあってはならない。無縁の中でこの世に回帰し続ける存在は、個人格を失うことはありえないのである。

このように無縁を永遠に回帰する者には、個人格を失い祖霊に融合することではじめて「神となる」という柳田祖霊神学の枠組みの中にとどまる以上、聖性を認めることはできない。

4　無縁の聖性

4・1　有縁を統合する無縁

だが勧請によってさまざまな氏神を統合する柱となった大きな神社は、たとえば北野天神が菅原道真を祀ったように、そもそも無縁を永遠に回帰し、たたり続ける霊魂を祀ったものであった。

死後あくまで個人格を持ち続ける無縁な存在が、個人格を失って融合した存在である有縁な氏神を統合する。柳田祖霊神学の視点からは聖性を認めがたいはずの、無縁を永遠に回帰する究極の

「無縁仏」にあたる存在が、聖性の源泉である有縁な祖霊融合体どうしを統合する。

ここにあるのは、死後あくまで個人格を持ち続ける無縁な存在には、有縁な祖霊融合体である氏神とは別の聖性がありうるという観念である。その説明には、堀一郎の氏神型と人神型の信仰類型が有効であろう。

氏神型信仰には特定の信者が氏族、地域集団のみに限られる閉鎖性があるのに対し、人神型信仰では神霊が個性的であり、信者になるために出自を問わない開放性がある。堀は日本の特質を「農村型氏神型の内包的信仰を解消させることなく、同質の氏神型信仰の拡大的包摂と、第二の人神型信仰の自発的な勧請、受容という形で、共同体意識が拡大していった」ととらえた（堀 1971：53–60）。

有縁な氏神型の聖性がナショナルレベルにまで拡大するには、無縁である人神型の魂にも聖性がなければならない(6)。

堀のいう人神が、さまざまな氏神を越えた全体社会の統合を果たすという指摘は、デュルケムも既に行っていた。堀のいう人神、氏神は、デュルケムのいう精霊、トーテムにあたる。精霊は人神のように人格的な神話的存在であり、トーテムは氏神のようにその作用は氏族に限られる。人格的な精霊の作用は、非人格的な存在であるトーテムとは異なり、氏族に限らず部族全体に及ぶとされる（Durkheim 1907：訳144–5）。

デュルケムによれば、人びとが他人と一体化することができるのは、人びとが共同の目的に向かい、人びとを超越する何ものかに愛着を感じるときのみだという。この「超越する何ものか」は集合的であるから、非人格的であるとされる（Durkheim 1914：訳265）。一方、氏族を越えた部族を統合するのは非人格的なトーテムではなく、人格的な精霊である（Durkheim 1907：訳144–5）。

ある程度の大きさまでの集団のばあい、その集団の統合を果たすのは、非人格的な存在である。しかし、それを越えて集団同士が更に大統合されるためには、人格的な存在が要請される。集団内の統合を果たすのは非人格的な存在であるのに、集団間の統合を果たすのは人格的な存在であるのはなぜなのだろうか。

この疑問への手がかりとなるのが、「人神」に畏怖するたたり意識の方が、より多くの人々を糾合するであろうという大村英昭の指摘である。日本の民俗宗教では人神、シャーマニズム、神がかり系譜の信仰がより重要だという堀の議論を大村は評価し、「神を迎える、またはその依り代になる当の人が、共同体から排除（＝聖別）される、史上最初の個人ではないか」と指摘している（大村 1996：44–7）。

これをふまえるなら、ここでの疑問へのこたえは「複数の共同体を統合する存在は、複数の共同体のすべてから排除（＝聖別）された存在でなければならないから」となろう。

ある共同体の氏神やトーテムは、その共同体の内部に属している。氏神やトーテムといった非人格的な存在は、ある共同体の内部に属している以上、共同体の外部の人間にとっては「彼らの」統合のシンボルにすぎない。ある共同体を象徴する非人格的な存在が、特定の共同体だけの内部に留まる「彼ら」のものである以上、その共同体の外部の人間にとっては、その非人格的な存在を「彼ら」と「我ら」に共通する聖なる存在として戴くわけにはいかない。複数の共同体を統合する存在は、複数の共同体のすべてから排除（＝聖別）された存在、でなければならない。

4・2　無縁と戦死者の墓

ここで柳田が『先祖の話』で無縁仏にしてはならないとした戦死者の墓のことを論じておきたい。日本の戦死者の墓は、親類であろうとなかろうと、村中からの墓参を受けることがある（高村 1997：39）。この戦死者の墓への墓参は、人神型の無縁のたたり信仰に似ているようにもみえる。多くの無縁仏は、人びとからたたりをおそれられたが故に、かえって血縁とか親類といった集団の境界を超えて崇拝されることとなった。戦死者は、親類以外にも村中から墓参を受ける点では無縁の存在に近い。戦死者が特別の個人墓をもち「永久に無名の先祖一般にはならない」（田中 1993：193）のは、戦争で死んでしまったという個人の思いが残りつづけるため戦死者は個人格を失わない無縁仏に近い存在になる、と感じられているからではないか[7]。

ただし、死者の霊が融合せず個人格を失わないままに崇拝される死者崇拝には、村という集団を統合するという面と個人のエネルギーを村から中央に引き寄せるという二つの面があり、これらは概念的には区別しておくべきだろう。

前者はさきほど戦死者の墓について述べた。後者は政治学者の神島二郎が靖国神社について指摘している。靖国にエネルギーを吸い取られることになった個人は、各村の次男、三男を中心としていた。彼らは靖国がなければ死後に無縁の存在になりかねない境遇におかれていた。神島によれば、靖国では霊は融合せず、個人性は保持される（神島 1961: 310-4）。無縁になりかねない次男、三男は、国によって永遠に個人として記憶され祀られることを保証されて、戦争に動員されていった。

5　自然霊体への融合回帰

以上みてきた論理は、無縁という存在を前提としたものであった。無縁からのたたりや無縁になるおそれが、人々を駆り立てていた。

しかし、そもそも無縁なる者は存在しないという世界観もある。すべての人々の霊は永遠の大いなる自然へと融合回帰してゆくもので、自然と霊との融合体からまた一時的にこの世に生まれいでたのが一人一人の人間だという世界観。そこには無縁なる者すなわち絶対的な他者は存在しない。そのような世界観をあらわすものとして、水俣病自主交渉派における「自然の地底から湧き出す平等観」（宗像 1983）に注目してみたい。

5・1　自然霊体への融合回帰がうみだす人間平等観

水俣病を起こした新日本チッソ社長は長い交渉で疲労し病気になった。その社長を、チッソの廃液で家族をボロボロにされ会社と激しく交渉している自主交渉派の人々（川本輝夫氏ら）は見舞いにいったという。なぜそのような行為が可能になったのだろうか。

　宗教社会学者の宗像巌によれば、水俣で被害が最も激しかった村には、人が死ぬと大きな霊体に帰っていくという考えがあった。「個人の霊魂は死後、やがてその個的存在を超越する自然霊体の中に融合回帰してゆく」。「個人は永遠性をもつ自然生命体の中から過渡的に現われ、やがて再び自然に回帰してゆくもの」である。「人間の生命の連続は、時には、血縁系譜を越えた連帯関係に拡大し、更に自然生命界の生類との結びつきまで拡大してゆくものと感じられている」（宗像 1983：109–10)。

「このような究極的存在観は、結果として、すべての人間の誕生、生活、回帰が基本的に同一の存在条件の下にあるという自明の平等観を生み出す。」ここにあらわれるのは、いわば「自然の地底から湧き出す平等観」である。[8]

　これは欧米人権思想にみられる「個的人間を中心とする人間平等観ではない」。欧米の「人間平等観の根拠は、すべての人間は同じく超越絶対神の被造物であること」であり、いわば「天井から射し込む光の下での平等観」（135）である。

　水俣病の発生した不知火海漁村の「世界観のもとでは自己と他者とのあいだの根元的分離、絶対的対立が存在しない……。……水俣病被害者の心の深層では、絶対的他者としてのチッソ経営者は存在しない。……家族集団内の人間関係のなかで蓄積された自然倫理は、開かれた人間連帯の広場にも流出し、人々の心を融合させてゆくと信じられている」(133-4)。

5・2　縦の連続から横の連帯への拡大

川本氏は、「狂い死にした父のことをはっきりさせられるのなら、どうにかしたい、どんな手段でもとってみたい」という切実な願いが、水俣市人権擁護委員会や水俣市役所によってまったく理解されなかった経験から、自主交渉に向けての行動を決断する。

「川本さんの父親への深い情愛は、親子のきずなを越えて、潜在水俣病被害者の発掘、認定申請手続きへの協力などの開かれた連帯関係にむけての献身的な努力として拡大してゆく。その結果、親子の連続関係を支える自然倫理は、多くの水俣病被害者のあいだに新たな連帯関係を創り出してゆくのである。川本さんらの協力により、一時分裂を余儀なくされた……各派は交渉の最終段階では、連帯をとりもどし、一致して同一の保障条件の下で、……チッソとのあいだの協定書に調印している」(132-3)。

宗像は明示的には書いていないが、このような縦の親子の連続関係から横に開かれた連帯関係への拡大が可能だったのは、究極的にはすべての存在が、生命の根源としての自然に合一していくという世界観が共有されていたからであり、「自然世界の永遠回帰という伝統的世界観の究極的前提」(147)があったからであろう。

5・3　生命の根源としての自然と「開いた宗教」

究極的にはすべての存在が生命の根源としての自然に合一していくという水俣に見られた世界観は、ベルクソンの開いた宗教にも通じる。

ベルクソンは、閉じた魂と開いた魂を峻別する。閉じた魂は、ある有機体の中の細胞、蟻塚をつくる蟻である。蟻は蟻塚を守るだけであり、蟻の愛は外界に広がっていかない。しかし、開いた魂の愛は人類全体だけでなく、動物、植物、さらには全自然へまでも拡がる。閉じた魂が自己拡大すれば、開いた魂に移行するのではない。家族愛、祖国愛、人類愛は連続していない。はじめの二つは選択を、したがってまた除外を含意している。ところが第三のものはひたすらに愛である（Bergson 1932：訳250）。家族から国家までは連続しているが、国家と人類との間には質的な差異がある（作田 1995：60）。

ここで、老人介護の根拠としてあげた効率性と人格崇拝の対立軸（図2）を思い出していただきたい。効率性はあくまで国家の合理的運営をめざす論理であるのに対し、人格崇拝の論理は、ある国家と縁があろうとなかろうと全ての人間の人格は崇拝されねばならないとするのであり、つきつめれば国家の枠を超え世界全体に広がっていく。効率性や「閉じた宗教」が国家を前提とするのに対し、人格崇拝や「開いた宗教」は本来、国家を越え出ていく運動性を持っている。(9)

6　共同墓

人格崇拝や「開いた宗教」のように、国家や「家の境界」といった個別主義を突破する普遍主義の契機はどこに求められるだろうか。現在の日本で「家の境界」のゆらぎを示す現象があるとすれば、それはなにか。

このような発想から私が注目しているのは、「墓」が一部で共同化されつつあるという動きである。墓の共同化とは、従来の家族の墓に入る代わりに、生前にはほとんど無縁に近い存在だった人びとが一つの共同の墓に入るものだ。

「家の境界」の意識を問題とするのに、なぜ墓の共同化に注目するのか。

第一に、従来の墓が、自分の家に縁のある先祖のみを尊いとする点で、「家の境界」を象徴する装置だった（孝本 1992b：152）からである。墓の変動を調査することで「家の境界」の意識が変動する可能性を探りうる。具体的な介護の場面に直接焦点を当てるよりも、墓の共同化の動きに注目した方が、「家の境界」の変動の可能性をより広い視野で考えることができるだろう。このような見とおしが、公的な老人介護サービスの形成に障害となる「家の境界」の意識に問題を見いだしながらも、あえて「家の境界」内に視点を集中し調査する方法をとらずに、墓の共同化をとりあげる第一の理由である。

第二の理由は、ある社会の墓は、その社会に特有な、人間の聖性への信仰のあり方を象徴するからである。墓は人間の死後の霊魂を祀るものだ。しかし、死後の霊魂の祀りは、死後の人間だけの聖性観念をあらわすのではない。2節でみたように、死後の人間の聖性観念は、生きている人間の聖性観念をも決定しうる。人は死んだあとにどのような霊的存在になっていくのか、どのようにして聖なる存在になっていくのか。これら死後に獲得される聖性への考えは、生きている人間にまで作用を及ぼす。ある社会の人々が「どのような人間であれ死んだあとにはある聖性を獲得する」と考えるのであれば、人格崇拝の論理と同様に、その社会ではすべての生きている人間は（将来において獲得するはずの）聖性を帯びた存在として立ち現れてくる。ある社会での墓にみられる人間の聖性への信仰のあり方を探ることは、公的な老人介護サービスを根拠づける人格崇拝という花が、その社会という土壌に根付きやすいかどうかを予測する参考になりうるだろう。

6・1　スウェーデンの共同墓と「霊の融合化」

普遍主義的な公的老人介護サービスを充実させたスウェーデンでは、共同墓が普及しつつある。スウェーデンの共同墓には、人格崇拝や「開いた宗教」につうじる「霊の融合化」に似た「共同性」がみられるのだろうか。先行研究によりつつ今後の調査のポイントを考えるとともに、二〇〇二年の夏に行った調査について述べておきたい。なお、二〇〇二年夏の調査について、より詳しくは第六章を参照してほしい。

6・1・1　共同匿名墓地――ミネスルンド

スウェーデンではミネスルンド（「追憶の木立」）という共同匿名墓地が一九八〇年代から急速に普及した。一九九六年には教会の埋葬総数の約四分の一を占める（善積 1998 b: 11, 13）。ミネスルンドの特色は匿名性である。芝生の中での故人の灰の場所は遺族すら知ることができない。管理人だけがどこに誰の灰があるかを知っている。

先行研究はミネスルンドに死後の世界の〈共同性〉を見いだしている。個人は死によって「共同性の世界」に入り（木下 1992：227）、死後の世界においても家族を越えた社会的連帯や〈共同性〉を志向する（善積 1998 a：147）という。

このようなミネスルンドは、ベルクソンのいう「開いた宗教」を体現するものだろうか。善積（1998 a）は、従来の共同墓地とミネスルンドの相違として、排他性―開放性のレベルをあげる。「従来の共同墓地では、共同体の成員として認知されたもののみが埋葬される。ミンネスルンドでは、死亡者がどのような宗教・民族・国籍の人でも、また旅行者でも、埋葬される」（148）。どのような背景のもとにこのような制度が可能になっているか、そこに「開いた宗教」の香気があるのかが調査の一つのポイントとなろう。

これについては、二〇〇二年八月にウプサラのフォーヌス（Fonus）という葬儀社でインタビューを行った。フォーヌスは二二〇を超える支部を持ち、スウェーデンの葬儀市場の約三〇％を占める協同組合型会社である（Fonus 2002）。ウプサラ支部の顧客アドバイザーであるゲゼリウス氏に話を聞くことができた。「たとえば、もし今ウプサラへ旅行中の私が死亡したら、ミネスルンドに入ることになりますか？」と聞いてみると、身元が分からず親族と連絡が取れない場合はそうなるという。ただし、その場合は死体の処理という面が強いようだ。いずれにせよ死体をほっておくわけにはいかないから、埋葬等の費用はウプサラ・コミューン（基礎自治体）が負担することになるらしい。そこには行き倒れ者の死体処理と同じものがあり、「開いた宗教」の香気は感じられなかった。

6・1・2　匿名性の不徹底と「共同性」

ミネスルンドの先駆的研究を行った木下康仁によれば、「ミネスルンドの匿名性とは、葬送の時に自分とこの世との接点を放棄し、シンボルと風景によって演出された共同空間に入っていくこと」であり、「そこでの共同性はキリスト教渡来以前の素朴な自然への回帰」である。ミネスルンドのデザイナーは「匿名性が剥きだしになることに対して怖れに近い気持ちを持っていた」。「素朴な自然をデザインすることによって匿名性を緩和しなくてはならない」（木下 1992：234）。

死者の匿名性が剥きだしになってはならないのは、死者がまだ生者たちの中で「生きている」からとされる。「禁止されているにもかかわらず、故人の名札と共に芝生に花を植えたり、花輪やキャンドルなどを芝生に置く」（善積 1998 a：143）ことが行われるのも、生者たちが「生きている」死者との接点を持とうとするためである。

図 8　個人格から大きな霊体へ

死者を記憶する生者がいなくなってはじめて死者は共同性の世界に移っていく。「おそらく人間にとっては一挙に匿名的存在になることも、永遠に個人的アイデンティティを保持し続けることも、同じように過酷なことであって、死後しばらく『生きた』後で自然にアイデンティティを失っていけばよいのではなかろうか。そうであるとすれば、問題は失ったのちに入っていく共同性に帰着していく。この共同性とは関係の継続を表象することによって永遠を表現したものと考えられる。……現代社会に生きる人間たちにとって、家族に代わるものとして、あるいは家族と両立し得るものとして、いかなる共同性を持ち得るかが問われていることになる」（木下 1992：235-6）。

6・1・3　「共同性」と霊の融合化の類似性

ミネスルンドではアイデンティティを失って共同性に入っていくという木下の解釈は、日本の伝統的世界観である霊の融合化を思い出させる。伝統的な日本の信仰においては人は死んだ後には個人格を失い、大きな霊体の中に融合していく（柳田［1946］1969：144）。

柳田のいう大きな霊体を、血縁を越えて自然にまで拡大すれば、5・

1項でみた水俣の「自然霊体への融合回帰」となる。スウェーデンのミネスルンドの「共同性」は「素朴な自然への回帰」だという木下の記述も、水俣の「自然霊体への融合回帰」を思い出させる。だが木下が日本人だから、ミネスルンドの共同性を柳田の霊の融合化に引き寄せて解釈した可能性もあるだろう。

スウェーデンの社会人類学者Å・ボホルムによれば、スウェーデンでは墓は親族が集合する場所として機能していない。スウェーデンの人々は、死者となった先祖すべてに関心を持つわけではない。生きている間につきあった「近い」関係の死者、亡くなってからそれほど年がたっていない死者の墓だけに定期的に訪れる。感情的な愛着を感じていた死者の墓だけに参るのである。

スウェーデン人は夫婦で一緒に埋葬されることを明らかに好む。結婚した子供が両親の近くに、配偶者とは別々に埋葬されることはない。もっとも「自然」なことは、両親とは別の新しい墓に、配偶者とともに埋葬されることである。

スウェーデンでは、時間を超えた親族の連続性に対し、墓はほとんど意味を持っていない。墓はおもに、亡くなった個人を記憶するためにある（Boholm 1983：225-7）。

ここにはフリードマンのいうメモリアリズム（memorialism）があるが（Freedman 1958：84-5/122-4）、ボホルムはミネスルンドに焦点を当てて調査を行ってはいない。ミネスルンドでも夫婦墓と同様のメモリアリズムのみが見られるのか。それとも「霊の融合」観念があるのか。この点を明らかにするためにスウェーデンでどのような調査が可能なのかも今後考えていきたい(10)。

なお、これらの疑問については二〇〇二年夏に行った調査によって一部こたえているが、それについては第六章で述べることにする。

6・1・4　共同墓と福祉国家の関係

スウェーデンにおける共同墓と福祉国家の相関関係を示唆する論者（木下・善積）があるが、共同墓自体は日本でも浄土真宗地方を中心に多くの例が昔からあった。また、スウェーデンほどは公的な老人介護サービスが徹底していないドイツやイギリスでも共同墓はみられる（藤井 2000）。よって、すべての共同墓が福祉国家を創りだすわけではない。

しかし、共同墓にみられる共同性と福祉国家の共同性はどこかで通底しているように感じられる。両者はどのように関係しうるのだろうか。

その手がかりをえるために、昔から共同墓が多く見られた浄土真宗地方の調査をまず行った。浄土真宗の中には教義上、祖先崇拝を否定する阿弥陀仏一神主義もみられたので、「家の境界」の突破を問題とする本論の視点からは、教義の面でも興味深い事例だからである。

6・2　日本の共同墓の「共同性」

「家の境界」を突破する人格崇拝の論理や「開いた宗教」の契機が日本の浄土真宗の共同墓にも見いだせるだろうか。

真宗では教義上は阿弥陀仏にひたすらすがる絶対他力の信仰が掲げられ、親への孝養や祖先崇拝は否定される。その教義からは、墓所に供花・読経したり、墓下に父母等がいるかのように思ったりして礼拝の対象とするのはおかしいとされる（蒲池 1993：62）。

この教義のためか、真宗地帯には個別の家の墓を作らない場合がある。真宗の本山に骨のごく一部を納めるが、残りの大部分の骨は死体を野焼きした場にそのまま置いたりする。そういった事例も、寺が「集合詣り墓」にあたるという研究（森岡［1965］1978）があるので、共同墓の事例の一つとしてここでとりあげたい。

従来の研究では、家の墓さえも作らないいわゆる「無墓制」の地域があるのは、この教義のためではと指摘されてきた。

6・2・1　墓のない島

山口県大島郡大島町笠佐島がその一つであり、二〇〇一年の六月、八月に調査を行った。笠佐島は山口県の南東部に浮かぶ防予諸島の一つで、対岸の大島町小松港と、日に三度、人と荷物のみを運ぶ定期船で結ばれている。

社会史の阿部謹也も笠佐島を、祖先崇拝を否定する初期真宗の例としてとりあげている。阿部は、歴史学の児玉識の研究にふれていう。笠佐島の信徒達は個別の家の墓を作らず、島全体に形成された講の運営は輪番制であり特権者はいない。「このような横のつながりの強さは児玉氏によれば祖先信仰の弱さと深い関係にある」（阿部 1995：108）。

児玉によれば、江戸時代には笠佐島に回漕業者が多く住んでいた。近世の回漕業者は、中世の海人・舟人等の非農業的流動民＝「渡り」の系譜をひくものである。中世のワタリは多神教的な中世世界のタブーからのがれ行動的・流動的な生活をおくるために、祖霊信仰を否定するほどラディカルな宗教であった浄土真宗を受け入れていた。しかし、本来、多神教的な日本人は、祖霊信仰をも否定するような一神教にはなじみにくく、近世社会の確立でワタリが定着し、本来の性格が変質するにつれ、ワタリの宗教の独自性は薄れていったという（児玉 1976 b）。

この記述はあらかじめ読んではいたものの、調査に入る前には「祖霊信仰を否定するほどラディカルな宗教」の片鱗ぐらいは笠佐島に残っているのではないかと期待していた。

しかし、少なくとも現在の笠佐では近隣と比べても祖先崇拝はむしろ強かったのである。笠佐島自治会長田中貞雄氏によれば、「笠佐には墓が無く、墓のお世話をしないので祖先崇拝が弱いように見られるかもしれないが、祖先への思いは強いと思う。昭和三十五、六年頃まで笠佐では先祖のための盆踊りを十月二日の秋祭りの前夜祭にやっていた。盆踊りと秋祭りを一緒にやるのは珍しい。盆踊りの明かりがいつまでも消えないので、対岸の大島や大畠のひとには『笠佐はいつまで踊っているのだろう』といわれたものだ」。踊り手がいないため今は盆踊りは行われていない。二〇〇一年六月現在の笠佐の人口は少なく、住民票がある人が十五人、それ以外に転入手続きをしていない家が五軒ある。

自治会長夫人で笠佐の外から嫁いできた田中八重子氏は「むしろ笠佐は他と比べて特別に先祖を大事にしている」という。笠佐では亡くなった日を月命日にする。たとえば十五日に亡くなったら、翌月の十五日に仏壇に花を供える。これは笠佐に来てはじめて見たそうだ。

笠佐の真宗門徒のお寺は本州側の対岸の大畠町遠崎にある妙円寺である。妙円寺住職栄正見氏のお話でも、墓のない笠佐のほうが遠崎に比べむしろ祖先崇拝が強いことがうかがわれる。先祖のための盆踊りが秋祭りと一緒に行われていたのは笠佐だけで、遠崎などにはみられなかった。また、故人の百回忌を笠佐のひとは必ずやるが、遠崎は全員ではない。

一方、輪番制は現在でも健在である。笠佐ではコミュニティ推進委員が輪番制で毎年交代する。大島町で輪番制をとっているのは笠佐島と大島中央部の神領の二ヵ所だけだ。ここでいうコミュニティは自治会をいくつか集めたもので、コミュニティ推進委員は、コミュニティ活動への町の補助金を申請する窓口となり、どういう活動に補助金を使っていくかを自治会長の人々と話し合って決める。笠佐は自治会が一つしかないので、自治会長がコミュニティ推進委員になる(11)。平等観も笠佐にはある。遠崎の妙円寺への寄付は、笠佐では全員同じ額であるが、遠崎では葬儀屋や金持ちは多めに出すことになっている。

祖先崇拝という縦の関係が強い笠佐のほうが、なぜ輪番制や平等観が強いのか。

田中貞雄氏によれば、笠佐ではタブーが少ない。遺体を丘の頂上の穴でいったん野焼きすると、京都の本山に持っていく骨だけを拾い、残りの骨は次の遺体を焼くまでその穴にそのまま置いておいたという。私が、それでは穴がすぐいっぱいになって遺体が焼けなくなるのではときくと、なあに、そのときは穴の骨をさらって穴の横に置けば、焼けるようになるさとのことであった。[12] そのように骨を放置しておくことで、タタリがあるという考えはなかったという。[13]

永遠に怨み続けるとも思われる戦死者の墓ですら笠佐では作られることがなかった（児玉 1976b)。これらは、永遠にタタリつづける無縁な存在、聖性を持ちえない絶対的な他者は、笠佐の世界観の中ではありえないことを示すのではないだろうか。

笠佐島の信仰の中にも、水俣のように祖先が自然霊体にまで拡大しうる契機があり、そこから水俣にも似た平等観が生まれてきたのではないか。[14] さらなる調査を要するが、一つの仮説としてここで提出しておきたい。

6・2・2　世界観と風土

日本の伝統的世界観の論理を徹底させれば、すべての人間が聖性をもつという観念にたどりつきうることを述べた。しかし、それは、その世界観を受け入れていこうと、すべての人々に呼びかけるためではない。

宗像（1983）によれば、「自然世界の永遠回帰という伝統的世界観」を支えたのは水俣の内海型の風土であった。水俣の不知火海は穏やかな内海であるが、瀬戸をつうじて外洋に開かれ、潮の干満にともなう海水の流出入が続いている。外界からは回遊魚がおとずれ、内海で孵化した稚魚はやがて外洋にでてゆく。潮の流れと魚群の往来は、漁民の心に、静かな不知火海が閉鎖的な世界ではなく、遠く見知らぬ外洋にも開かれ、さまざまの生命の流出入が行われていることを感知させる。

これに対し、外洋に面した沖縄諸島の島民は、台風や潮害などの圧倒的な自然の猛威にたいして、死者のゆく浄土を外洋のかなたに想うよりも、むしろ死者とともに島に立て籠もり祖霊と共存する外洋型海上他界観をつくり上げてきた（宗像 1983：110-1）。ここでは大洋の中にやがてすべての生命が溶け込んでいくという世界観は成り立ちにくい。水俣と同じ条件が、さまざまな風土をもつ日本の全土で満たされることはありえないだろう。

また、笠佐島に見られた輪番制や平等観がそのまま「家の境界」の突破につながっているわけではない。お年寄りのための入浴サービス車が家の前にあると、違和感や抵抗感が笠佐島でもやはりあるという。伝統的世界観の中に、一人一人のひとに聖性を見いだす観念を見いだすことが、「家の境界」の突破や公的な老人介護サービスの充実にどのようにつながりうるのかは、さらに検討する必要がある。

6・2・3　伝統の普遍と変容

宗像（1983）も指摘するように、伝統的世界観の究極的前提は崩れ始めている。水俣の「世界観の中から『歴史的にすぎてゆく相対的なもの』と『永遠性を顕示しているもの』とを峻別し、その展望に基づいて民衆の伝統的世界観の中から普遍的価値を発掘し、その創造的展開を促す努力がつづけられることが切に期待される」(147)。

本研究はその努力の一つの試みであるが、伝統的世界観の中から普遍的価値を発掘し、その創造的展開を促す努力は、伝統的世界観がゆらぎ、変容しつつある現代でも豊かな稔りをもたらしうるだろうか。

伝統的世界観の変容を明らかにするために、今後は地方の共同墓をさらに調査するとともに、なによりも都市における「家の墓」と共同墓の変動を追っていく必要がある。

祖先崇拝すら都市では消えつつあるといわれる。島田(1992)によれば、都市で祖先崇拝の意識が薄れたために、祖先崇拝を信仰の核とする新興宗教の勢いが止まり、個人主義の傾向が強い新々宗教が現れているという。

また、松本(1996)によれば、都市を中心にして、従来の「家の墓」にかわる散骨や共同墓等の「新しい」葬法を求める運動があらわれてきている。

しかし、散骨を望む人の多くが既に傍系の家で「家の墓」がないという状況にあり、共同墓を持つ「もやいの会」でも家の先祖を「もやいの碑」に収める会員が多いという(松本 1996)。そこにはスウェーデンにはない、時間を超えた親族の連続性を墓が象徴するという観念が依然としてある。

日本の「家の境界」を象徴する墓の共同化の意味を探ること。それは今後の祖先崇拝と公的な老人介護サービスを支える人々の思いがどうありうるかを考える一つの手がかりになりうると考える。

注

(1) 異姓不養とは、異姓の者、すなわち祖先を同じくしない者は養子にしてはならないという中国漢民族の古来の規範である。朝鮮には受け入れられたが、日本には受け入れられなかった。

中国人の〈姓〉は、父の姓が子に伝わることを不動の鉄則とする。

異姓不養という規範は、〈姓〉の根底にある基本観念を物語っている。それは、人はその父の生命の延長としてこの世に生きるという観念である。父子の関係を組み合わせ積み重ねれば、共同の祖先から父系の血筋を通じて分かれ出た子孫はすべて同一の生命の拡大した同類にほかならないという観念である。

祖先祭祀は、人が己の生命の根源に思いを致し、祖先から子孫に拡大する悠久な生命の一環として自己があることを思い起こす行為であるから、実子のない場合にも同類のうちから養子が選ばれなければならず、異姓者を養子として祭祀を託することはできないとするのが、異姓不養の規範である。

中国人にとっては、出生によって定まる姓こそが、その人間が本源的に何者であるかを規定している名であり、これを変えることは本来できないはずのことであり、ゆえあって変えるとすればそれははなはだしい屈辱であった(滋賀 1998)。

もっとも、中国でも、実際には、異姓養子の例が少なくなく、とくに労働力確保など他の目的のための養子では異姓の養子が多かったといわれている。異姓不養制を中国で廃止したのは一九三一年施行の中華民国民法典であった(江守 1996)。

(2) 柳田自身はこのような霊の融合化という図式化を慎重に避け日本の死生観の多様性を指摘していたが、その後の日本民俗学の中で一つのパラダイムとなったと、前山([1983] 1996)は指摘している。その意味では、以下の議論は柳田の検討というよりも、日本民俗学のパラダイムの検討ということができるかもしれない。

（3）　無縁仏は、祀ってくれる子孫の存在を不可欠の条件とした広義の先祖の対立概念である（伊藤 1982：160）。

（4）　柳田自身は、個人が死後に個人格を失い融合化していった大きな霊体が新たな生命の誕生にどのような関わりを持つかを明らかにはしていない（宗像 1979：57-8）。

（5）　日本の新宗教における輪廻思想は、インドの輪廻思想とは異なる。インドの輪廻思想は自己の行為に関して永遠に自分一人がすべて責任を負う徹底した自己責任の思想である。このような周囲に依存しない独立した責任主体としての自己という考え方は、身近な他者や大自然から自己が「生かされている」という感覚が支配的である日本の新宗教にはなじみにくかった（対馬 1994：778-9）。

　ウェーバーは、インドの輪廻思想を業（カルマン）教義と結合したものとして説明する。「霊魂輪廻思想の完成の後には、前世の功徳と罪過が現世を、現世の功徳と罪過が来世の人の運命を決定するという観念」が現れる。これが業（カルマン）である。「人間はつねに新しい生死の限りない連続の中で、自己の行為によってのみ自らの運命を決定するというのは、業の教義の最も徹底的な形態であった。」（Weber［1916-20］1996：204/158）

　インド的な個人中心の輪廻観とは異なり、伝統的な日本の信仰は、死後の再生に個人格の存続を強調するのではなく、むしろ、「祖霊の融合単一化」を想像していた（宗像 1979：57）。

（6）　この視点から次の鈴木満男の主張の再検討が要請されるだろう。「柳田国男氏は精霊棚が盆行事に本来あった要素であるとは認めない。だが逆に、精霊棚こそ盆に本来的な特徴、むしろ本質的な特徴だったのではあるまいか。」台湾の中元節では、「祖霊」の影はあまりにも薄かった。主役を演じるのは無祀の孤魂、餓鬼である。日本の盆の精霊棚を考え直すきっかけがこうして得られる（鈴木 1979：344–5）。

（7） お盆のとき戦死者の墓に島じゅうの人が詣る三重県菅島を私は訪れたことがある。「詣らないと何かが起こるのでしょうか」という質問を何人かの方にすると、同様に「そういった考えはない。そもそも詣らないということが考えにくい」という。本文での想定は少なくとも菅島には当てはまりにくいようだ。高村（1997）が対象とした舞鶴市など他の地域との比較も必要であり、今後の課題としたい。なお、岩本（1999：208–12）は、柳田の『先祖の話』によりつつ、祀る遺族がなくなって戦没慰霊碑が誰からも祀られず、無縁墓地化し、御霊化することを危惧している。

（8） 宗像が取り出した水俣の生命観の平等性は、新宗教の生命主義的世界観の一つである大生命の思想の平等性に似る。大生命の思想とは、この世界の個々の生命体の活動の背後に、それぞれの生命活動を究極的に支える生命力の根源＝宇宙大生命が存在し、その生命供給を通して世界のいっさいの生命が生かされていると考える思想である。そこでは各々の人間生命を宇宙の根元的生命と直結したものと見なすことによって、人間の本源的な平等性や尊厳が強調される（対馬［1990］1994：224, 227）。このような生命平等観は新宗教の生命主義的救済観に救いの普遍主義を与えている（対馬ほか［1979］1986：70–2）。キサラ（1992：17–8）も参照。

（9） 人格崇拝と効率性の対立軸は、ウェーバーのいう普遍主義的な同胞意識とそれに敵対関係に立つ経済的・政治的諸力との対立軸にも似る。地域とか部族とか国家がもつ限界は、普遍主義的な同胞意識をもつ宗教によって突破されうる。普遍主義的な同胞関係の倫理を基盤とする救いの宗教にとって、政治的秩序との緊張関係はこの上もなく厳しいものとなる（Weber 1920–1：訳114–7）。

（10） たとえば「霊の融合」観念の調査は単純に尋ねればすむものではないことを、津軽の祈祷者であるカミサマを例に挙げつつ池上良正は指摘している（池上 1987：142–6）。三十三年の弔い上げをへて無個性になったはずの祖霊が、十代あとの子孫に「からむ」ことがあるとカミサマたちはいう。融合化したはずの祖霊が個性的に子孫に「からむ」ことの矛盾はだれひとり問題にしなかった。

カミサマたちによれば、障るホトケは百年前後までで、それをこえるものは少ない。これは個性をもつ「死霊」と、清まって個性を失った「祖霊」を明確に区分する見方にもとづくというより、「死者の個性に対する人々の記憶の限界という、常識的な説明の方が的を射ている」。

この最後の指摘はスウェーデンにも当てはまる普遍的な「記憶」の時間の過程ということになろうか。

祖先の記憶については、柳田国男や鈴木栄太郎などの研究を読み直した矢野（2000）が参考になる。

(11) ただし、田中氏によれば自治会長の輪番は「あくまで人が少ないから、みなに経験してもらうようにするため」である。笠佐の横のつながりは強いかという私の質問に「誰が何をしても、みんながわかるということ」とこたえていただいた。

(12) なお、人手不足のために野焼きは現在行われておらず、最後の野焼きは一九九一年であった。

(13) また、笠佐の子供は島内の八幡神社のご神体（木の仏像）と気楽に遊び、泥がつくと洗っていたりした。「バチがあたるぞ」と大人がいうと、その大人が熱を出したという。

(14) 祖先崇拝が血縁を突破し普遍化される可能性を、高取正男・橋本峰雄も指摘する。「祖先崇拝は単に血縁のそれに限定されずにより普遍化されて、「三界万霊」の供養のようなものとなり、各家の仏壇も、中心は先祖の位牌よりも普遍的実在としての仏であるという、名前どおりのものになるかも知れない。」（高取・橋本 1968：171）

第六章　死者の追憶と共同性

――スウェーデンの葬制と共同墓

1　死者と生者の関係

1・1　共同墓――「家の境界」の突破の象徴か

最初に、共同墓の研究をはじめた問題意識を再確認しておきたい。

第五章で述べたように、共同墓を研究し始めた意図は、共同墓は、老人の介護は身内がしなければならないという「家の境界」の意識の突破を象徴する装置であり、その研究によって「家の境界」の意識の変動の可能性を探る手がかりがえられると考えたからだ。

日本の従来の家族墓はある意味で閉鎖的な「家の境界」を象徴するものだといえるだろう。そこでは、家の者と無縁な存在は祀られることはなく、あくまで自分の家に縁のあった先祖のみが尊ばれる。墓参りをすることで、生きている〈私〉は死者と交流し、自己の生の意味づけを確認する。日本のドラマではよく出てくるシーンだ。

これに対し、スウェーデンでは共同墓が浸透しつつあり、最近では教会の埋葬総数の約四分の一強を占める。この共同墓は、故人と遺族との縁を絶ち切るもののようにみえる。公園墓地のただの芝生のような場所に、死者のアイデンティティのしるしもまったく無しで、遺灰はばらまかれ、あるいは埋められる。制度上、遺族は共同墓への遺灰の散布や埋葬に立ち会えず、故人の遺灰の場所を知ることはできない。場所を特定するネームプレートを置くことも許されない。

スウェーデンの共同墓は、死者と生者との縁を絶ち切り、すべての死者をいわば「無縁」な存在として公共的に祀ろうとしているようにみえる(1)。すべての死者は「無縁」な存在であり、個人を、縁者がいる人と縁者がいない人に分けようという発想が共同墓にはまるでないようにみえる。縁者がいる人も実は「無縁」な存在であり、家族という縁者に依存すべきではない。われわれは全員が「無縁」な存在になるべきで、「無縁」な存在のわれわれは縁の有無にこだわらず、死後いっしょに公共的な祀りを受ければよい。こういった観念がスウェーデンの共同墓にはあるのではないか。

そして、このような観念があってはじめて、「家の境界」を突破し「縁」のあるなしにこだわらない、スウェーデンのような個人を単位とする公共的な福祉サービスを作り出すことが可能になるのではないかという疑問を私は当初持ったのであった。

というのも、スウェーデンで共同墓を認めたのは一九五七年の埋葬法だったが（Fredriksson 1999）、同年に老人への責任は子供にはなく、コミューンという基礎自治体にあるという社会援助法（socialhjäpslag）が発効しているからだ（Odén 1993 : 34 ; Holgersson 1996 : 145）。社会援助法は、コミューンが老人のために支出した費用を子供が払い戻す責任はないとした。老人への責任が子供から社会へ移されたのと同時に、死者と生者の縁を絶つような共同墓が導入されたのは象徴的だと思われたのである。

1・2 死者と生者の縁――プロテスタントとカトリックの違い

遺族が遺灰の散布や埋葬に立ち会えないという、死者と生者の縁を絶つような共同墓は、スウェーデン、イギリス、ドイツなどのプロテスタント系が多い国々や地域で見られる（鯖田 1990 : 善積 1998 a, 1998 b）。一方、歴史家のP・アリエスによれば、カトリック系が多いフランスでは十九世紀に入る頃から、墓が死者を記念する装置として生者にとって重要な意味を持ち始め、一種の死者崇拝、墓崇拝が現れ始めたとされる（Ariès 1977 : II 225–66/460–97）。アリエスによれば、イギリスにみられるような遺灰を芝生のうえにまく共同墓は、死者と生者のつながりを絶ちきろうとするものである（Ariès 1975 : 184/230–1）。火葬率を比較しても、プロテスタント系の国では高く、カトリック系の国では低い。

単純化して考えるなら、プロテスタンティズムが神と個人の直接的なつながりを求めようとする運動であった以上、神とは無関係である、生者に縁のあった死者の崇拝を許さず、死者と生者の縁を絶ちきろうとする方向に進むことは予想しうることではある。共同墓への遺灰の散布や埋葬のときに、遺族の立ち会いすら許さない、あるいは必要でないとするプロテスタントの国々や地域の姿勢には、死者と生者の縁を絶ちきろうとする意志のようなものが感じられる。

一方、カトリック系の国では、個人が神へと至る道にはさまざまなルートがありうる。神と個人を結ぶ中間の媒介項として、教会や聖人崇拝が認められる以上、死者崇拝や先祖崇拝も神へと至るひとつの媒介項として容認される余地がある。

墓について図式化していえば、プロテスタントは死者と生者の縁を徹底して絶ちきることで神との直接的な交感をめざし、カトリックは死者崇拝などの媒介項をつうじて神とつながろうとするもののようにみえる。

問題は、このような死者と生者の縁の図式が実際にどこまであてはまるものかということである。

1・3　本章の構成

このような問題意識から、以下では、スウェーデンの共同墓の制度に死者と生者の縁を絶とうという強い意志が見られるのかどうか、共同墓の制度についてスウェーデンの人々はどのような考え方、感じ方をしているのかを、これまでの共同墓研究をもとに明らかにすることにしたい。

しかし、スウェーデンの共同墓の研究はまだ始められたばかりで蓄積が少なく、共同墓制度が生まれてきた背景もいまだ十分明らかにされているとはいえない。そこで本章ではスウェーデンの共同墓の前史として、二〇世紀初め前後から盛んになった火葬運動を2節で、墓への灯火の習慣を3節で、まずとりあげることにする。

4節で、以上の前史をふまえた上で、これまでの共同墓研究の現状を見直し、最後の5節で今後の研究の課題を述べることにしたい。

2 スウェーデンの火葬運動と共同墓の背景と特徴

共同墓は遺灰を散布や埋葬するものだから、遺体を焼いて灰にする火葬が前提となる。火葬がどのようにしてスウェーデンで広まっていったかをまず見てみよう。

以下では、スウェーデンにおける火葬運動と教会の関係を思想史的に研究したB・エンストレムの著作（Enström 1964）に主によりながら、スウェーデンにおける火葬運動と共同墓の背景と特徴を見ていきたい。

概していうなら、ドイツからの影響もあったが、共同墓に関連する火葬、特に散灰においてスウェーデンへの影響が強かったのはイギリスである。

スウェーデンはプロテスタント・ルター派の国教会制度をとり、スウェーデン国王が国教会の最高指導者である。教義的にはプロテスタント、礼拝様式上はカトリックで（善積 1998 b：20–1）、イギリスの国教会制度によく似ている。スウェーデン国教会には、現在では総人口の約九五％が所属するが、日曜礼拝にはわずか三％が参加するにすぎない[(2)]。葬儀の九四％は教会で行われる（中島 1996）。

2・1　イギリスの火葬・散灰率の高さの背景

火葬が早く始まったのはイギリスであり、一八七四年にイギリス火葬教会が設立された。イギリスでは、J・S・ミルなどが実用性を重んじる功利主義を十九世紀半ばに発展させていたため、多くの教会関係者も火葬をあくまで実務上の問題と見なした。火葬の衛生上、経済上の理由をより簡単に受け入れやすかったのである。火葬を主張する衛生、経済上の理由とは、土葬の非衛生さ、墓地用の土地の不足である。一八七四年にイギリス火葬教会を設立した医師H・トンプソン（ヴィクトリア女王の外科医）が最も重視したのも、この二つの理由であった（Enström 1964：42-3）。

一八八四年の判決で火葬は違法でないとされ、一九〇二年には火葬法が成立する（鯖田 1990：26-7）。

イギリスでの火葬の発展を社会学的に分析した博士論文をロンドン大学経済政治学総合学部（LSE）で書いたP・C・ジュップによれば、この背景には人口の急増、地方から都市への大量の人口移動、それらの結果としての墓不足があった。特に死体を棺に入れて埋葬するスペースは、都市の従来の墓地にはなかった。ロンドンなどの大都市では新しい巨大な墓地を作らざるを得なかった。そこから必然的に、コミュニティの祈りの中心だった教会は、そのコミュニティの死者とかつて持っていた古いつながりを絶ち切られることになる。新しい巨大墓地を支配管理するのは教会ではなく、地方政府という世俗の権力になった。この傾向をいっそう露わにしたのが、一八八四年の合法化以降の火葬の発展である。火葬はほとんどキリスト教の教義に無関係のままに発展した。一九〇二年の火葬法によって地方政府が死体の処理の経済的責任を負うようになる。世俗的な地方政府が埋葬と火葬を管理するようになって、死体の処理の決定はますます経済的な視点から行われるようになった（Jupp 1997：27, 9）。

イギリスで驚かされるのは、火葬後の散灰率が早くから高かったことである。散灰（strewing）は既に一九二〇年代に行われていた。一九三〇年代の終わりには既に、火葬の約七〇％が散灰されている。一九三〇年代にはイギリスの多くの火葬団体の代表者がスウェーデンを訪問しているが、散灰が許されていないことに驚きを表している（Enström 1964：364-7）。イギリスでは一九五五年に火葬率は二四・三％だったが、火葬のうち約九割は散灰であった（400）。

火葬率の推移を比較しても、イギリスの方がスウェーデンよりも火葬の浸透が急速に進んだのが分かる。

散灰は火葬後の遺灰の処理としては徹底した合理化をすすめたものである。イギリスでの火葬、散灰率の高さには経済的な視点からあくまで合理性を追求しようとする姿勢が感じられる。

図9　スウェーデンとイギリスの火葬率の推移

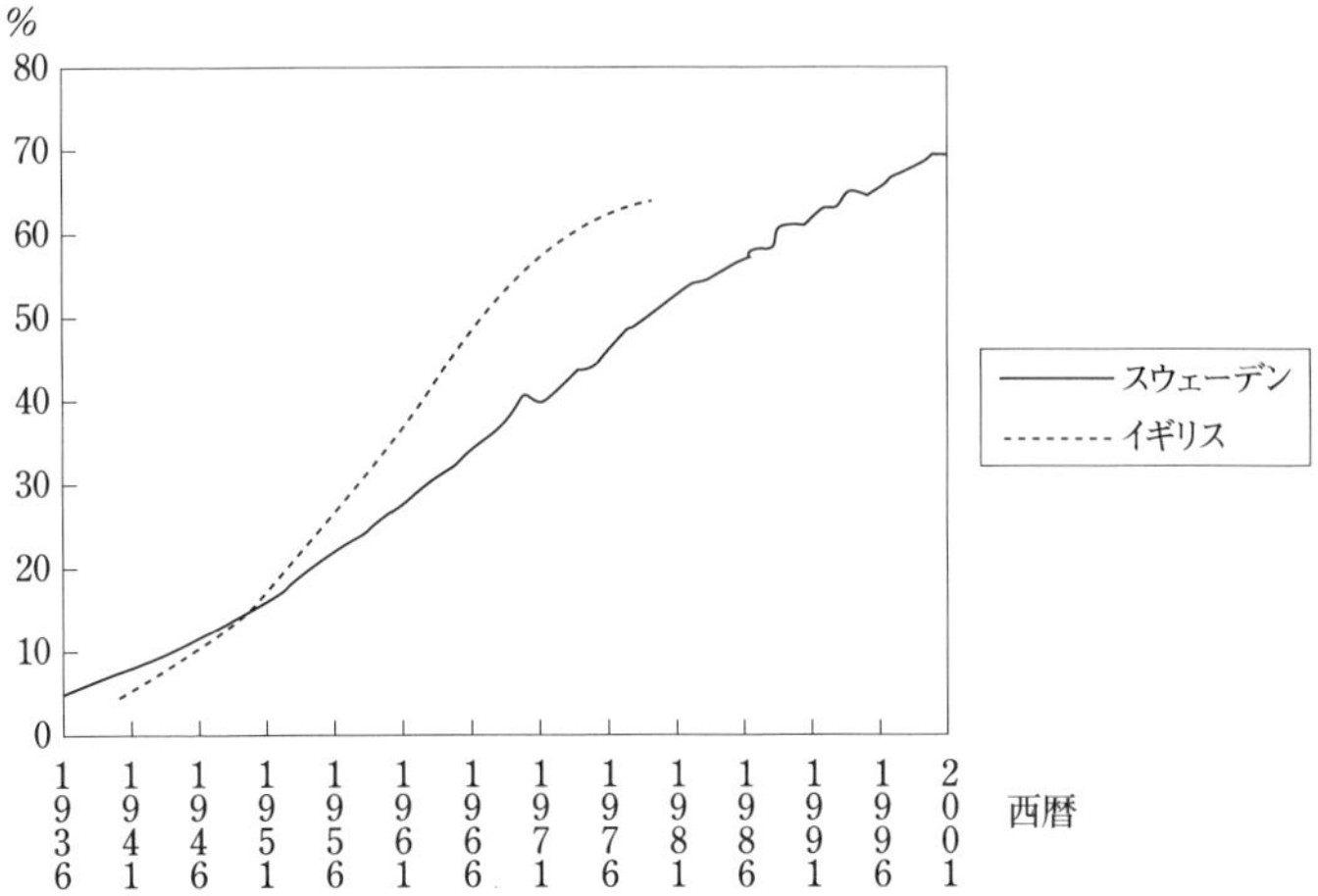

スウェーデン：Kyrkogårdsförvaltning (2002:11).
イギリス：鯖田(1990:27)をもとに作成。ここでのイギリスはグレート・ブリテンをさす。

このような火葬、散灰率の高さにはイギリス国教会の肯定的な態度も関係していた。当初は教会の中に反対もあったようだが(Jupp 1997：27)、一九三九年にはウェストミンスターの大聖堂主任司祭が社会上、衛生上の理由から火葬を勧めている。一九五一年にはヨーク主教会議が火葬を勧め、特定の場所で尊厳さえもって行えば、散骨すらも認めている(Enström 1964：402)。

アリエスは、このようなイギリスの現代的火葬と散灰は、墓地礼拝と死者礼拝を家族から免れさせるものだという。家族は死者への情や関心を持つものの、火葬によって死者崇拝から免れようとしているのだとアリエスは解釈した(Ariès 1975：184/230-1)。

このように死者崇拝を否定しようとする

意志は、一九六二年のイギリス国教裁判所の命令にも見ることができる。七十五歳の婦人は、夫の墓から「永遠にわが思いの中に」という文言を消すよう命じられた。検事の役をつとめていた神父はいう。「葬儀が異教化しつつあるこの時期にあたって、教会は断乎としたキリスト教徒の態度を示す必要がある。われわれは度が過ぎた愛情または苦悩の表現は場違いであると思う」（Ariès 1977：II 239/473-4　強調原文）。この事例が埋葬か火葬かは定かでないが、「葬儀が異教化しつつある」というのは火葬と散灰が進みつつあるということを指しているだろう。ここには、「異教」の習慣である火葬と散灰を認めながら、信者らが「異教」である死者崇拝へ向かうことだけは断じて避けようとするイギリス国教会の複雑な態度を読みとることができる。[3]

2・2　スウェーデン火葬運動と共同墓

スウェーデンでも一八八二年にスウェーデン遺体焼却協会（Svenska likbräningsföreningen）が設立された。設立したのは牧師の子でエンジニアだったP・リンデルで、一八五〇年代にドイツで始まった俗流唯物論者モーレスコットらの議論からの影響は明らかである。物質的な観点から見れば、肉体が死ぬ唯一の目的は、植物であれ動物であれ他の新たな肉体へ養分を与えることだ。遺体焼却だけが自然法則にしたがった、自然の循環のための条件であるとリンデルはいう（Enström 1964：54-8）。

一八八七年十月十五日にスウェーデン遺体焼却協会は、政府に火葬の法制化を求めるとともに、ストックホルムで火葬を実施した（78, 67-9)。

スウェーデン国教会は反対したが、火葬は一八八八年に法制化された。ただし教会の反対もあって、すべての火葬についてあらかじめ検死が義務づけられた（96-7)。政府や新聞は火葬に同調的だったが、検死義務がブレーキとなり火葬はなかなか進まなかった。

二〇世紀初め前後には、教会でも火葬を受け入れようとする傾向が出てきたが、これはドイツのプロテスタント神学者A・リッチュルらの影響をスウェーデン神学が受けたためであった。リッチュル神学の影響を強く受けたスウェーデン神学者のS・A・フリースは、復活の精神的意味を強く強調し、遺体が墓から立ち上がるというように、復活を地上的な意味でとらえてはならないとした（131)。つまり、遺体は復活にとってほとんど意味を持たない、遺体が土葬されようが火葬されようが宗教上の復活には何の関係もないとしたわけである。これによって教会と火葬運動の対立は、暫定的におさまることになった。

既に2・1項で述べたようにイギリスでは一九二〇年代に散灰は行われていた。スウェーデンでは、一九二八年に建築家E・ルンドグレンが、保守の中の保守であるイギリス人が散灰を行っていると指摘するとともに、散灰は階級差を消し去るだろうと述べている。

このような階級差を消し去るための散灰という議論は、管見の限りではイギリスには見あたらなかった。今までに入手しえた資料だけからの推測ではあるが、スウェーデン独特の議論だとみなしてよいと思う。

ルンドグレン自身は、散灰の実施は次の世代の問題になるだろうとも述べている。これに対し、教会関係者は、散灰はキリスト教の復活願望の深い精神性を傷つけるものだと反対した。

一九三〇年代には火葬運動家はイギリスをモデルとして盛んに持ち出した。イギリスでは、既に三〇年代の終わりには火葬の約七〇%が散灰され、散灰の場所は「安息の庭（Gardens of Rest）」あるいは「追憶の庭（Gardens of Remembrance）」とよばれていた（Enström 1964 : 364-6）。スウェーデンの共同墓であるミネスルンド（minneslund、追憶の木立）への影響は明らかであろう。

ミネスルンドへの散灰にも、一九四七年頃のスウェーデン国教会は反対していた。散灰は明らかに異教の考え方にむすびついているとみなされたのである。復活を望むキリスト教的なシンボルが、散灰によって異教の神話に置き換えられてしまうことを教会はおそれた。

一九四七年頃の新聞紙上で、散灰の是非が論じられている。海への散灰を勧める論者は、散灰は、より大いなるものへと昇っていくものであり、宇宙の感情を表すものだと主張した。ここには自然ロマン主義的、汎神論的なイデオロギーが見られる。反対する牧師は、遺灰の散灰は人間の生命の扱いの行き過ぎた合理化につながると警告し、人間の肉体は思うがままにできる無防備な物と見なしてはならないと主張した。

一九五三年には、国会議員のT・ネルマンが一定の場所での散灰を合法化する動議を提出する。一九五一年の宗教の自由に関する新法の原則を貫いて、散灰も認めるべきだと彼は主張した。教会側は、散灰はキリスト教の精神、教会の慣習、スウェーデンの伝統にまったくそぐわないとして反対する（380-3）。

教会側が反対し続けたままで、一九五七年に埋葬法は改正され、スウェーデンの共同墓への遺灰の埋葬や散灰は一九五八年一月から可能になった（386-7：Planverket 1983：7）。

一九六〇年代の終わりになって、匿名性と共同性をもつ共同墓の考えがより一般に受け入れられるようになり始めた。スウェーデンの共同墓ミネスルンドが一般的なものになったのはごく最近のことで、一九七〇年代の初めからである（Klintborg Ahlklo 2001：28-9）。一九八〇年代にミネスルンドは急速に普及したといわれる。一九九〇年代後半から二〇〇一年までを見ると、教会の埋葬総数の約四分の一強がミネスルンドであった。

2・3　共同墓の異教性の位置づけ

ミネスルンドが急速に普及しつつあった一九八一年にも、分教区教会牧師であったS・ガルモは、ミネスルンドは非キリスト教的な考えを表していると述べた。ヴェステロースの管区代表者会議が、一九八〇年という遅い時期に、「ミネスルンドの非キリスト教的な性格を考えれば、ミネスルンドは墓地のなるべく周縁に設置するべきだ」という主張をしたのもそのためであるとした。遺灰を撒くことは、全世界が一つになった大いなる魂の中に、自らの魂が昇っていくという信仰を伴っているという（Garmo 1981 a, 1981 b）。

ミネスルンドには全自然が人々の私的な宗教的諸思考のための一つの神殿であるという理解があ

るという指摘（Klintborg Ahlklo 2001：35）やミネスルンドを象徴する「全体性への上昇」ということば（Enström 1964：385）も、同様な考えを示すものだろう。

第五章で述べたように、ミネスルンドの先駆的研究を行った木下康仁は、ミネスルンドで個人は死後アイデンティティを失い「キリスト教渡来以前の素朴な自然への回帰」という共同性に入っていくという解釈をしめした（木下 1992：234）。

この木下の解釈は、日本の伝統的世界観である霊の融合化に似ている。日本民俗学によれば、伝統的な日本の信仰においては人は死んだ後には個人格を失い、大きな霊体の中に融合していくという（柳田［1946］1969：144）。

大きな霊体を、血縁を越えて自然にまで拡大すれば、宗教社会学者の宗像巌がしめした水俣の「自然霊体への融合回帰」の考えとなる（宗像 1983）。これは、もともと多くの人々の魂が溶け合っている自然から人は生命を与えられ生まれてきて、死ぬと人はまた自然へ帰っていき再びとけ込んでいくという考えであった。

宗像によれば、この「自然霊体への融合回帰」という考えのもとでは、人間の生命の連続は、時には血縁系譜を越えた連帯関係に拡大し、更に自然生命界の生類との結びつきまで拡大してゆくものと感じられる。このような究極的存在観は、結果として、すべての人間の誕生、生活、回帰が基本的に同一の存在条件の下にあるという自明の平等観を生み出すという。

スウェーデンのミネスルンドは、その「共同性」が「素朴な自然への回帰」だという木下の記述も、水俣の「自然霊体への融合回帰」を思い出させるものである。

第五章では木下が日本人だからミネスルンドの共同性を霊の融合化に引き寄せて解釈した可能性もあるという指摘をしておいたが、スウェーデンの少なくとも教会関係者は、ミネスルンドへの散灰が死後の魂が全自然の中に溶け込んでいくという異教の考えをあらわすととらえていたということができる。

景観建築家I・ベーリルンドや宗教社会学者J・ストロルップらが共同して行った、遺族の自宅での二、三時間のインタビューを中心にした質的調査でも、自然にわれわれの源、精神性、永遠なるものを見いだす男性もいたという。多くの人々は自然にもとづいたミネスルンドを好んでいた(Berglund 1994 : 22)。

ただ、同調査によると、ミネスルンドは宗教の自由をあらわすものでなければならないという被調査者もいた。ミネスルンドは、宗教や出自に無関係に集うことができる場でなければならない。暗黙の神秘主義がそこにはあるという(23)。

ここでの神秘主義は、どのような宗教でも受け入れようとする意味での神秘主義だ。水俣に見られた「自然霊体への融合回帰」は自然との合一という意味での自然神秘主義(nature mysticism)だが、自然神秘主義がミネスルンドで強制されているわけではない。

ほかの被調査者も、精神の自由がミネスルンドでは重要であり、どのような組織からの強制もあってはならないという。そこには自由が必要である。自然との合一を象徴するような自然石が置かれていたり、自然が借景として利用されていたとしても、それをどう解釈するかは人々にゆだねられなければならない（Berglund 1994：23–24, 75）。

つまり、ミネスルンドでは、多くの人々の魂が溶け合っている自然から人は生命を与えられ生まれてくるという世界観、生命観はありうるとしても決して強制されてはならない。その意味で、ミネスルンドにあるのが明らかな制度上の思想は、あくまで死後においてだけの平等性、匿名性である。そこでは、同じ自然から生まれたということから来る平等性という発想は強制されていない。第五章でみた水俣の「自然霊体への融合回帰」から生まれる全生命の基本的な平等性や、新宗教の大生命の思想による人間の本源的な平等性や尊厳といった発想は、ミネスルンドにおいてありうるとしても、そのような思想は人々には強制されていないのである。

ここには、一九七〇年代に移民が増加したために必要となった宗教上の多元主義が反映していると考えられる。

3　万聖節での死者への灯火

2節では、死者と生者の個人的で閉鎖的な縁を絶ち全自然へと融合するという考え方もミネスルンドに読み込めるが、その考えが全員に強制されてはいないことを指摘した。

3節では目を転じて、逆に死者と生者の個人的な縁を再確認するような、万聖節での墓への灯火が二〇世紀に入って始まったという現象をとりあげ、その意味を考えてみたい。

3・1　二〇世紀での復活

スウェーデンでは二〇世紀に入ってから、十一月初め頃の万聖節で家族墓に灯火が捧げられるようになった。万聖節の灯火は、さかのぼればキリスト教以前の異教時代の、先祖の霊を導くための火であるともいわれる。このような祖先崇拝をも思わせる新しい習慣が、なぜ二〇世紀に入ってからスウェーデンに浸透したのか、その背景を探るとともに、この習慣と祖先崇拝との異同を以下で考えることにしたい。

万聖節は、キリスト教のすべての聖人を記念する祝日で、西欧で十一月一日とされたのは八〇〇年ごろといわれる。十一月一日は、より多くの生活を牧畜に依存していた異教時代には新しい年の始まる日として最も重要な日だった。この日は放牧中の家畜を寒さにそなえて畜舎に入れる日で、死者の霊をわが家の炉端に迎える日だった。農民は自分で火をたき先祖の霊を導き悪魔を追い払った。この日に死者をまつる習慣はヨーロッパ全土で広く行われていたが、教会はこの異教の習慣を抑えるため、殉聖教者の徳を偲ぶ万聖節を定め、さらに翌十一月二日を万霊節とした。万霊節は、一〇〇〇年頃にカトリック教会が、すべての死者を祀るためにもうけた日である（植田 1999：19-22，295-8）。

スウェーデンの宗教改革は、中世の多くの祝日を廃止したM・ルターにならったが、スウェーデンのプロテスタント教会暦にはいくつかの古い特徴が残った。なかでも万聖節はさまざまな廃止の試みにもかかわらず残り続けたものである（Rehnberg 1965：27）。

死者崇拝である万霊節は宗教改革とともに廃止されたが、万聖節は、一七七二年の祝日改革で十一月の最初の日曜日に移されるまで祝日として残され、もともとの万霊節の考えと結びつくようになっていった（Bringéus 1987: 248）。民衆の理解のなかでは、しばしば二つの日の祭祀対象は混同されたのである。

教会側は万聖節により多くの興味を示したが、民衆の意識のなかで重要だったのは万霊節だった。二〇世紀になってふたたび万聖節への興味が復活し始めたとき、この興味は万聖節と万霊節の両方からの要素と伝統にもとづいていたが、これは神学上しばしば批判されている。

二〇世紀に入り万聖節の週末に家族墓に灯をともす習慣が普及していき、万聖節は一九五三年には再び祝日とされた（Rehnberg 1965：73；Bringéus 1987：248）。新しい灯火の習慣は首都ストックホルムから広がり、一九六二年には全土の墓地の九割以上で行われていたという（Bringéus 1987：248–9）。万聖節が死者の追憶の日であったが、一九八三年にスウェーデン国教会は、万聖節の後の日曜日に死者の追憶を行うことにした。

3・2 カトリック国での衰えとプロテスタント国での発展

興味深いのは、もともと墓への灯火を習慣としてきたカトリックの多い国々では、この習慣がなくなる傾向があるということだ。民族学者のM・レーンベリイによれば、スペイン、フランス、ベルギー、ルクセンブルクで二〇世紀にこの習慣はすたれていった。ただ田舎よりも都会に、墓の灯火がともされる傾向が残っている。

一方、スイス、オーストリア、ドイツのカトリックでは、墓への灯火の習慣は特に都市においてむしろ強くなっている。これらの国々では、二〇世紀に入って、カトリックだけでなくプロテスタントにも灯火の習慣が受け入れられるようになった。地理的に見れば、墓への灯火の習慣は二〇世紀の間に北方へと向かった。

プロテスタントの多い国々で墓への灯火の習慣が広まった背景には、二つの世界大戦による膨大な死者がいるとレーンベリイは指摘する。特に第二次世界大戦では兵士だけでなく、大勢の市民が爆撃により死んだ。この大量の死が、墓への灯火の習慣を感情的に強く支えることとなり、宗派の境界を打ち壊してプロテスタントの中でもこの習慣が力を得ることになったという（Rehnberg 1965：51-4）。

しかし、レーンベリイは、プロテスタント系の国々と同様に世界大戦で膨大な死者があったカトリック系の国々で、墓への灯火の習慣が消え始めた理由を明らかにはしていない。たとえばフランスの死者は第二次世界大戦では五十六万人に達している。膨大な死者が、墓への灯火の習慣を強く感情的に支えるのなら、フランスのカトリックにおいてもまた墓への灯火の習慣が強まっていたはずである。そうならなかったのはなぜだったのだろうか。

フランスで墓への灯火の習慣が消え始めたのは、墓地への墓参客が減ったためであるとは考えにくい。パリの墓地の墓参客は二〇世紀の初めに増え続けていたからである。万聖節（十一月一日）の墓参客は一九〇二年には三十五万人を数え、一九二〇年には約五十万人に達した（Ariès 1977：II 259/491；Ben-Amos 2000：221）。アリエスも指摘したように、死者崇拝がむしろフランスでは二〇世紀になって盛んになり、墓への人々の興味はむしろ増し、墓崇拝は盛り上がったのである。(4)

ただ、フランスで墓への灯火の習慣が盛んになったのは二〇世紀の初めごろであるといわれており（Rehnberg 1965：44）、これ自体はアリエスのいう墓崇拝の高まりと時期が重なる。管見の限りでは今日のフランスの墓地についての文献で、万聖節に墓への灯火が語られることはなく、もっぱら菊を中心とした献花が語られるだけであった（Dansel 1999: 55–6；Déchaux 1997：48, 50, 1998：282–3）。おそらく、墓への灯火の習慣にかわって、献花が行われるようになったのだと推測される。

ベルギーについてであるが、墓への灯火の習慣が消えた理由として、灯火が古い庶民的な習慣だと見なされたこと、一方で墓を花で飾ることは新鮮な感じを与え高い社会階層の人々に歓迎されたことを指摘した者がいる。レーンベリイも社会変動によって社会階層が変化したことが、墓への灯火の習慣がすたれた原因でありうるとしている（Rehnberg 1965：52）。

3・3 「私的追憶」の高まりと共同墓の浸透

スウェーデンでも階層の違いによる習慣の受容の違いは見られた。スウェーデンで墓への灯火という新しい習慣を行ったのは、高い階層の人々であった。社会階層が高い人々ほど、家族や職業といった人的ネットワークは、より故郷の外に、広く築かれることになる。故郷を離れた労働者も灯火の習慣の先駆けとなり、地の農民は古い習慣にこだわった（Rehnberg 1965：339）。

スウェーデンで高い社会階層が自分の墓を誇らしげにロウソクの火で飾る様は、アリエスがフランスで指摘した墓崇拝を思い出させる。ロウソクと花という違いはあれ、墓が自分の家の物だという感覚、墓の立派さを競うような態度において、フランスの墓崇拝とスウェーデンの高い社会階層の人々に見られる墓崇拝はよく似ている（147–8）[5]。

灯火という習慣がスウェーデンで特によく現れたのは、子供の死や事故による若者の突然死の場合である。遺族は痛々しいほどの喪失感をうめるために、墓への灯火という新しい習慣を行わざるをえなかった（340）。

ここには明らかに、祖先崇拝とは異なる「私的追憶（memorialism）」が見られるだろう。祖先崇拝はすべての先祖を尊いものとし、時間を超えた親族の連続性を墓で象徴しようとするが、「私的追憶」は生きている〈私〉にとってかけがえのない死者のみを追憶することで、他ならぬその死者との関係のみを生者の〈私〉が保ち続けようとするものである[6]。第五章でとりあげた人類学者であるボホルムはスウェーデンの墓には「私的追憶」しかないという内容の記述をしているが、この墓への灯火の習慣にも同じ「私的追憶」のみが見いだせるだろう。
さらに興味深いのは、ミネスルンドの導入と万聖節の復活が時期的に対応していることである。今までの流れをまとめた以下の年表を見ていただきたい。

年表
一八七四　イギリス火葬教会の設立
一八八二　スウェーデン遺体焼却協会の設立
一八八四　イギリス、火葬は合法という判決
一八八七　スウェーデン最初の火葬の実施
一九〇二　イギリス、火葬法成立
一九二〇年代　このころからイギリスの火葬では散骨が支配的に
一九二八　建築家E・ルンドグレンが、散灰は階級差を消し去ると主張
一九三〇年代　火葬運動家がイギリスをモデルとして盛んに持ち出す
一九四七　散灰への教会の反対、新聞紙上で議論に
一九五一　宗教の自由に関する新法成立
一九五三　国会議員T・ネルマン、散灰を合法化する動議提出

万聖節、再び祝日に

一九五七　新埋葬法が成立。翌年から共同墓ミネスルンドが認められる

一九六二　墓への灯火の習慣、全土の墓地の九割以上に

一九六〇年代末～一九七〇年代初め　匿名性と共同性をもつミネスルンドの考えが一般化

一九八〇　ヴェステロースの管区代表者会議、ミネスルンドの非キリスト教的な性格を指摘

一九八〇年代　ミネスルンド急速に普及

一九八三　スウェーデン国教会、万聖節の後の日曜日に死者の追憶を行うことに

対応している時期は三つある。第一に、一九五三年の散灰合法化の国会動議と、同年の万聖節の祝日化。第二に、一九五七年のミネスルンドを認める新埋葬法から六〇年代末の一般化までの時期と、一九六二年に墓の灯火の習慣が全土へ広がっていたこと。第三に、一九八〇年代のミネスルンドの急速な普及と、一九八三年の死者の追憶日の設定である。

ここからわかるのは、散灰が合法化され共同墓ミネスルンドが普及していくのとほぼ平行して、万聖節における墓への灯火の習慣が浸透し確立していったことである。(7)

ミネスルンドへの埋葬・散灰で死者と生者の関係を断ち切る方向とバランスをとるかのように、万聖節での灯火では死者と生者の関係はくり返し再確認されていくようになった。「私的追憶」さ

え否定しかねないラディカルなミネスルンド制度が広がる一方で、人々は墓への灯火の習慣を高めることで〈私〉自身が知っている死者を個人的な情愛から追憶し、「私的追憶」の灯を保ち続けようとしたのである。

4　共同墓への動機と不満

以上、死者と生者の関係を問うという視点から、スウェーデンの葬制・共同墓をめぐる背景をおさえてきた。

4節ではそれを前提としながら、スウェーデンの共同墓研究の現状を見ていきたい。

4・1　遺族への迷惑と死者の追憶

スウェーデンの人類学者L・オーケソンは、ミネスルンドの普及が年金制度の導入と同じ時期の一九五〇年代に進んだことを指摘した。この時期に、自立して暮らし、誰かのお世話にならないという道徳観が老人世代で確立したとみている（Åkesson 1997：139）。死後、遺族に墓の世話という責任を負わせるべきでないという考えが老人世代に浸透したともいえよう。

ただし、オーケソンのスウェーデン葬儀社協会（SBF）へのインタビューによれば、故人が、匿名になりたいという自分の希望からというより、むしろもっぱら遺族のためだけにミネスルンドを選んだと遺族が信じているときは、実際には遺族は匿名性を拒否できる。故人は自分の墓のお世話という迷惑を遺族にかけたくないだけだったのだと遺族が信じているときは、死者を特定できる場所に埋葬することは誤りではないとされている（Åkesson 1997：140，197）。

ここでは、遺族との縁を絶ち、遺族への負担をなくそうという故人の意志よりも、死者を追憶したいという遺族の願いが優先されている。少なくとも葬儀の実際においては、死者の追憶の拠点を築き、「私的追憶」を保とうという姿勢がみられるのである。

4・2　墓の荒廃への怖れ

またオーケソンによれば、ミネスルンドを選ぶ理由には、ただ遺族に迷惑をかけたくないというだけではなく、自分の墓がかえりみられないことへの怖れがあることも多い（Åkesson 1997：139）。同様なことを指摘しているのは、スウェーデン農業大学SLUにあり都市環境の一環として墓地研究も行う都市環境研究所モヴィウム（Movium）が中心になって行った調査である。この調査報告によれば、一九八〇年代の初めには、死後に匿名になりたいという奥深い意志からミネスルンドが選択されているのではないことに、人々は次第に気づくようになったという。死におけるすべての人間の同等な価値と平等性という理想主義的な考えはたいして大きな役割を果たしていない。遺族に迷惑をかけたくないことと、自分の墓の手入れがされなくなる怖れからミネスルンドを選んでいるのだという（Klintborg Ahlklo 2001：31）。

2・2項で触れたベーリルンドらが行った質的調査によっても、自分の墓が死後になんの世話も受けず、荒れ放題になってしまっては恥ずかしいという感情は人々の心の中に深く根付いているという。多くの人がミネスルンドを選ぶ動機には、このような怖れが裏に隠れている（Berglund 1994：14，64）。

3・3項のスウェーデンの墓の「私的追憶」で触れた人類学者ボホルムは、人びとが死後、生まれ故郷に葬られることが多いことを指摘している。これは死者が故郷に帰りたいからというよりも、故郷には死者の墓の世話をしてくれる親族がいるからだとボホルムは解釈している。ここにも、死後に墓がかえりみられないことへの怖れがある（Boholm 1983：225-7）。

以上のスウェーデンの調査には、日本における無縁墓になることへの怖れに近いものが感じられる。

その点、スウェーデンのミネスルンドは望ましいものだ。墓地管理事務所が集合的な墓所の世話の責任を負ってくれるからである。日本でも過疎化や高齢化のために墓の守り手がいなくなってしまったことへの対処として共同納骨堂が作られ、それが評価されている地域がある（井上 2000：93-102；井上 2003：76-120）。また、G・ゴーラーの調査によればイギリスでも同様に自分の墓が荒れるよりも共同墓の方がよいという考えは見られる（Gorer 1965：訳83）。

ここまで来ると、スウェーデンやイギリスに見られる自分の墓が荒れることへの怖れは、日本の「墓の無縁化」への怖れと何がいったい違うのか、疑問になってくるだろう。

4・3　匿名性への不満——遺灰の木立

また「私的追憶」の高まりのためか、ミネスルンドについては、匿名性への不満が遺族にある。ある男性は、ミネスルンドで遺灰が埋められているのを見たことがないといい、どこか他の墓に妻の遺灰を埋めてしまったのではないかとときどき考えるという（Berglund 1994：12）。遺灰が埋葬や散灰される日時すら分からないことにも不満が大きい。一定の期間の間に遺灰が埋葬や散灰されるということしか定められていない。ミネスルンドを訪ねても、そこに遺灰があるのかないのか分からないままで死者と対話しなければならない時期が続く。毎年、埋葬・散灰日に故人を偲びたいという遺族がいても、そもそもその日がわからないのだ（Reimerson 1995：183）。

このような死者を追憶するための拠点を望む遺族の要望に対応するため導入されつつあるのが、アスクルンド（asklund）、翻訳すれば「遺灰の木立」である。

アスクルンドは、共同墓の一種であり共同の芝生の中に遺灰が埋葬されるが、その特徴は遺灰の埋葬に遺族が立ち会えることだ。ミネスルンドのような徹底した匿名性はそこにはない。墓地管理事務所は遺灰の場所を特定でき、遺族の要望でネームプレートを置くこともできる（Erman 2001：19–21；Berglund 1994：65）(8)。

5 「私的追憶」と福祉国家化

以上みてきたように、スウェーデンの墓における死者の追憶は「私的追憶」であるとみられるが、日本でも祖先崇拝が、私的情愛を感じる死者のみを選択的に崇拝する「私的追憶」に向かう傾向はR・J・スミスが早くから指摘していた（Smith 1974：222-3/353-5：前山［1983］1996：397-9）[9]。最近の調査でも、死者が、死霊という存在よりも、個性を持つ親愛なる個人として記憶される存在へと変わってきていることが指摘されている（関沢 2002：218-24）。

私的な情愛を感じる死者のみとのつながりを保ち続けようという日本の「私的追憶」は、スウェーデンのそれに近づきつつあり、スウェーデンの「私的追憶」が福祉国家化の徹底を妨げなかったように、日本の「私的追憶」も福祉国家化の徹底の妨げとはならない可能性があるのではないだろうか。

4節の共同墓研究の現状を見ると、スウェーデンの共同墓に見られる感情がどれほど日本の感情とかけ離れたものなのかが不明になってくる。いわゆる日本的だといわれてきた祖先崇拝がそもそも大きくゆらぎつつある中で、日本の死生観がスウェーデンやイギリスの死生観とまったく違うものだということを前提として論を進めることの有効性自体、疑う必要があるだろう。

少なくとも臓器移植で日本的感情として論じられがちだった遺体への執着は、決して日本だけの特殊な現象ではないことは既に指摘されている（勝島 1991；出口 2001）。

また、1・1項で述べた、墓参りをすることで、生きている〈私〉が死者と交流し自己の生の意味づけを確認するというドラマは、日本だけでなくイギリスでも行われている。イギリスでも、ある成人した子供は先祖（ancestor）である両親の墓を訪れ、話を返せない両親と、家族の問題を相談する。母親との関係はよくなかったが、そこには何か深いものがある。そうしないと、他にだれも相談する相手はいないという（Francis et al. 2001：233）。死者を私的に追憶し死者と交流することでアイデンティティを再構築するのは日本だけではない。同じドラマは、少なくともイギリスでも行われているのだ。

スウェーデンでも日本と同じような「私的追憶」が行われている可能性はあり、それは今後明らかにしなければならない。

もし日本の死生観がスウェーデンとより共通性が見いだせる方向に変化しているのだとしたら、日本の死生観は福祉国家の形成を妨げるどころか、むしろ福祉国家を下支えする思想へと変容しうる可能性もありうる。その変容の条件は何か。それを明らかにするため、どういう研究戦略を構想するかが私の今後の大きな課題となる。

つぎの終章では、本書での到達点を確認したうえで、今後取り組むべき課題をのべることにする。

注

（1）日本の無縁仏の墓のイメージとは異なり、スウェーデンの共同墓は、家族墓や身寄りがある人も選択する。

（2）自由教会所属は約四％である。出生児中八〇％は洗礼を受け、約七一％は堅信礼を受ける。結婚の六五％が教会で行われる。

（3）アリエス自身はこの事例を二〇世紀中頃になって現れた死者崇拝の否定へという時代的な変化の例ととらえているが、イギリス国教会の特殊性を示すものとして解釈することも可能である。なお、この事例は、遺族の悲嘆に対する社会の態度の変動を分析したゴーラーの図式（Gorer 1965）でとらえることもでき、喪の感情を抑圧すべきだという現代の社会的期待が教会にも影響を及ぼしている事例である可能性も否定できない。さらなる検討は今後の課題としたい。

（4）私的な死者崇拝は、愛国的な公的な出来事になっていった。それは一八七〇年の普仏戦争後に始まり第一次世界大戦後に完成する。万聖節の墓参客は、自分に関係のある故人の墓だけでなく、戦争で亡くなった兵士の墓にも参るようになっていく。個人的な祀りが公共的な祀りとともに行われ、私的な追憶と公的な追憶の結びつきが強調されるようになっていく（Ben-Amos 2000：221）。

第五章で触れたように、日本にもお盆の時に村中の人が血縁を越えて戦死者の墓に参る事例があるが、なんらかの共通点がこれらの事例の間にはあるのかもしれない。

（5）フランスのカトリック教会が墓崇拝に対し取ったご都合主義については、Ariès（1977：II 250-6/483-9）を参照。もともと死者崇拝を認めていなかったカトリック教会は、死者崇拝の高まりに便乗して昔から教会が死者崇拝を認めていたといわんばかりの態度をとった。1・2項で述べたような、死者崇拝へのカトリックとプロテスタントの態度の違いの図式は、少なくともフランスにはそのままでは当てはまらない。むしろプロテスタントの方が父祖の墓という考えにこだわったことについて、Ariès（1977：II 26-9/275-7）を参照。

（6） Freedman（1958：84-5/122-4）、Freedman（1966：153-4/195, 204）のそれぞれの訳書ではmemorialism は追慕、記念と訳されているが、〈私〉が情愛をもちうる先祖や死者だけを選択的に追憶するものであることから、「私的追憶」という訳語を本書では採用することにしたい。この訳語の採用には、戦後、日本での先祖に対する供養が、選択的に私的情愛との関連で執り行われる傾向が強くなっていることを指摘したSmith（1974）と前山（［1983］1996：397-9）を参考にした。

（7） 一九九九年には年間の死者約九万三千人のうち、大都市を中心にして年間四、五千件の埋葬が親族の立ち会いもなく、まったくの儀礼ぬきで行われていると推定されている（Mortensen 1999）。

（8） なお、最近では若い世代の間で土葬を希望する傾向があるともいわれている（Fredriksson 1999）。私自身は若干の疑問をもっているが、以下に紹介しておく。

一九九七年十一月に「どう埋葬されたいか」を全国の十五歳以上の男女千人へ電話インタビューした調査では、若者の土葬の希望が多かった。この調査は、スウェーデンの代表的な世論調査会社であるシーフォ（Sifo）がイエーテボリス・ポステンという新聞社の依頼で行ったものである。

どのように埋葬されたいかという質問に対し、土葬を選んだ割合が最も多いのは、最も若い十五～二十九歳の層だけであった（表1を参照）。この三〇歳未満の層は、ミネスルンドの選択も目立って低い。他の年齢層がすべて三〇％以上であるのに、三〇歳未満の層は十八％にとどまっている。

表1　スウェーデン人の希望する埋葬方法（1997年）
「どのように埋葬されたいですか？　棺で土葬、骨壺で土葬、ミネスルンドへの散灰、他の方法での散灰のどれですか？」

（単位：％）

	全体	15-29歳	30-49歳	50-64歳	65歳以上
棺で土葬	27	34	21	26	21
骨壺で土葬	27	30	25	25	36
ミネスルンドへの散灰	29	18	35	34	30
他の方法での散灰	9	13	10	7	4
わからない	8	6	9	9	8

© Sifo Research & Consulting AB.

この調査へのコメントを求められたウプサラ大学の心理学者M・サンナーによれば、十、二十年前は若者の方が散灰を選び、老人はより伝統に縛られていたという（Parkrud 1997）。サンナーは、臓器移植についての意識調査や、遺体の解剖についての人々の見方の調査などをおこなっている研究者である（出口（2001）を参照）。

他の調査でも若者がミネスルンドより家族墓を選ぼうとする傾向がみられる。最近行われた十八才から二十才の五十四人の若者へのインタビュー調査でも、半分近くの若者が家族墓への埋葬を望んでいた。調査を行ったのは都市環境研究所モヴィウムの行動科学研究者A・セーレンセンである。さきほどいったように、モヴィウムはスウェーデン農業大学SLUにあり、都市環境の一環として墓地研究も行っているところだ。

セーレンセンは、いまの若者がなんらかの形で自分の名前が残る墓をより好むのは、以前の世代のような共同的な思考を持っていないためだと分析している。以前の世代は、産業で大きな職場で働いてきて、集団的な労働協約にもとづいて給料をもらい、同じような家賃レベルの同じような型の住居に住んできた。死んだときも彼らは同じように埋葬される。このようなことは、おそらく将来はなくなるだろう。今の若者は、みんな同じようにというよりも、自分で決めたがっているとセーレンセンはいう（Janson 2002）。

以上、最近になって、若者が土葬を好むようになったとする調査を紹介したが、疑問はある。もともと昔から、若者だけが土葬を好んでいた可能性もあるからだ。最近になって若者が土葬を好むようになったというためには、かつては若者は土葬を好んでいずミネスルンドを選んでいたというデータがなければならないが、それは管見では見あたらなかった。さきほどのサンナーにも二〇〇二年八月に電話で問い合わせてみたが、「私は墓の研究者ではないし、五年前のことなので何も覚えてない。」との答えが返ってきたので、サンナーの新聞へのコメントがなんらかのデータに基づいているとは考えにくい。

若者が昔から土葬を好んでいたのか、それとも以上の調査は「私的追憶」が現在高まっていることを示すものなのかを明らかにするには、今後のさらなる検討が必要である。

(9) 井上治代は、社会変動に伴う先祖祭祀の動態的研究を概観した上で、戦後の墓祭祀の脱家過程は、「家的先祖祭祀」から「近親追憶的祭祀」への移行であるととらえた(井上 2003:18-25, 271-2)。

これに対して、私は、私的情愛から〈私〉が追憶する対象は近親に限られないという立場を取るので、「私的追憶」という訳語を採用することにした。たとえば、ある男性が、長い間深い間柄だったが親族ではない女性の位牌を、親族の位牌と共に置いていた事例がSmith(1974:222-3/290)にある。

このことばの違いは、研究の視点の違いから来ている。井上が家の継承と非継承という視点から墓祭祀に焦点を絞っているのに対し、私は死者の「私的追憶」のための装置であれば墓以外のものも研究対象としていきたいと考えている。

たしかに孝本貢のいうように、社会的規範性を考察するためには、移動しやすく私的情愛の入りやすい仏壇や位牌よりも、移動が困難で継承についての社会的拘束性が強い墓に注目した方が戦略的には有利であろう(孝本2001:26, 256)。ただ、「私的追憶」に注目する本書の視点からは、墓についての調査を行い、それを踏まえた上で、仏壇や位牌や写真などの調査分析も行うことが今後の課題となる。

終章　個別と普遍

1　老人介護の根拠——人格崇拝

本書は第一に、家族ではなく、社会や国家に老人介護の責任を要求できる最終的な論理は人格崇拝であることをいった。

人格崇拝は、縁のある者だけが尊いという祖先崇拝とはまったく異なる。祖先崇拝は自分に縁のあったご先祖様だけが大事だという考えであり、先祖と関係のない死者は無縁な存在としてかえりみない。これに対し、人格崇拝は自分と縁があろうとなかろうと、すべての人の人格を尊いとする。

人格崇拝は、日本の昔話にあるような「老人はいろいろな知恵を持っているから大切にしましょう」という考えでもない。なぜならこれは、知恵をもつ老人だけが大切にされればいいという考えにつながるからだ。知恵をもたない老人でもわれわれと同じ「人である」から、その老人の人格を崇拝するというのが、人格崇拝の考え方である。

われわれの社会が人格崇拝の論理を採用するなら、縁者がいようがいまいが、知恵があろうがなかろうが、すべての老人の人格を社会は崇拝し、公的に介護しなければならない。

家族に老人介護の責任を押しつけることも、われわれの社会が人格崇拝を採用する以上、許されない。「聖なる」人格を持つ点で、家族がいる有縁の老人も、家族がいない無縁の老人もまったく同じだからだ。有縁の老人も、無縁の老人と同様に、社会は公的に介護しなければならない。有縁の老人は家族にまかせ、無縁の老人だけをわれわれの社会が介護するなら、有縁の老人の人格を、われわれは崇拝していないことになる。それは、普遍的にすべての老人の人格を崇拝するという人格崇拝の論理をわれわれの社会が採用する以上、許されない。

1・1　子と同居する老人の自殺

なぜ家族のいる有縁の老人を、家族にまかせたままにせず、われわれの社会が介護しなければならないのか。家族にまかせたままでは自殺しかねない老人を救い、人格崇拝の論理を貫くためである。

これに対して、老人を家族が介護するのは美しい日本の風習だという人もいよう。

表2　高齢者の自殺率：世帯類型別（60歳以上、1992年）

世帯類型	人口10万人当たり自殺者数（人）
一人暮らし世帯	36.0
高齢者のみの世帯	11.4
子ども等との同居世帯	44.8

資料出所：落合（1997：216）

しかし、このような老人の介護は家族にまかせたほうがよいという考え方には、ある思いこみがある。老人は家族と暮らした方が幸せだという思いこみだ。だが、この思いこみは事実に反する。表2が示すように、子供と同居している老人の方が、一人で暮らす老人より自殺率は高いのだ。

また、高齢者の子供との同居率が高い都道府県ほど、高齢者の自殺率が高い。同居の老人の方が自殺率が高いのは、同居すると、第一に疎外感つまり邪魔者扱いされているという感じが高まり、第二に迷惑をかけてすまないという気持ちが強まるためであるという（多々良 2001：149）。

こういった同居老人の自殺への対策として、老人が独立して（ひとり、あるいは夫婦二人で）暮らせるような政策が考えられる。老人福祉施設を充実させるか、ホームヘルプサービスを充実させるわけだ(1)。そのためには、施設やサービスのため税金や保険料をわれわれが出し合わなければならない。

それによって、同居する老人の自殺を減らし、われわれは人格崇拝を社会全体として行うのである。

1・2　個人の無縁化と人格崇拝の必要性

ここで問題になるのが、老人のお世話は身内の者がすべきだという意識だ。

身内がすればいいと考えるなら、他人のためにお金を出して老人福祉施設やホームヘルプサービスを充実させる必要はないということになる。自分に縁のない老人がどこかで自殺しようと、自分には関係ないというわけだ。

しかし、ほんとうに自分には関係がないといいきれるだろうか。自分が家族のいない老人になる可能性は十分ある。第五章で述べたように、現在、日本では一人っ子の家が増えているうえに、子供を持たない夫婦も独身者も増加しつつある。老後にお世話を期待できる家族をもてる人は少なくなりつつある。自分が身寄りのない老人になり誰も介護してくれない可能性、老いて呆けた連れ合いをたったひとりで介護する可能性は十分ある。

いわば、これからの日本ではわれわれ一人一人が無縁化していく。現在でも家族のある老人でも施設に入り、家族と無縁な生活を送る人もいる。家族がいる老人の無縁化もまたすすみつつある。

老人のお世話は家族にまかせておけばよいという考えではもはや成り立たない変化が起こりつつある。身内の者に介護されればいいという考え方では、自分が身内のない無縁な存在になったとき、だれも介護してくれる人はいない。他人のためにお金を出したくないという身内意識を越えなければ、自分もまた介護を受けられず放置されることになりうる。われわれの社会が、縁者の有無に関係なく、すべての老人の人格を崇拝し、公的な介護を行うという考えをとるべき理由はまずここにある。

1・3　介護は合理性を越える

自分が無縁の老人になるかもしれないことを指摘し、それにそなえて普遍主義的な人格崇拝をとるべきだと主張したが、それは普遍主義的なサービスを整備することが自分に返ってくることを前提にした議論である。

しかし、現在自分が支払う税金や保険料で将来自分が受けるはずの介護サービスを整備しようと決意するためには、政府が将来サービスを自分に返してくれるだろうという政府への信頼がなければならない。また政府への信頼があったとしても、第二章の逆選択で述べたように、自分の体質が頑強でまわりの親族にも誰一人として介護されて死んでいった老人がいない人は、自分が介護される危険は低いから介護保険料は高すぎるとし私的保険を選ぶだろう。

われわれが自分は健康で介護されることはないと判断し、自分だけの利益を追求するという人間であり続けたいと望むのなら、公的な介護サービスを整備する必然性はどこにもない。自己利益の追求を徹底するのなら、自分の親や夫や妻などもそもそも介護する必要はない。個別主義的な介護をする必然性もないのだ。

なぜ老人を介護するのかを、自己利益の追求だけで説明しつくすことはできない。個別主義をとるにせよ、普遍主義をとるにせよ、他者としての老人を介護する行為には、自己利益を越えるものが含まれている。個別主義のもとに行われる家族の間での介護のすべてが、介護の見返りとしての（生前あるいは死後の）財産分与を期待して行われているのではない。親に育ててもらった恩を返すのだという人もいるだろうが、舅や姑の介護をしている嫁は彼らに育ててもらってはいない。自己利益の追求という合理的行動の視点だけでは、介護は説明できない。介護という行為は合理性を越えている。ちょうど公的な老人介護の最終的根拠が、効率性を越えた人格崇拝であったように。問題は、その合理性や効率性の越え方として個別主義と普遍主義のどちらをめざすのかということだ。

2　スウェーデンの〈家〉

自分の家と縁のある身内の老人だから介護するという個別主義を超え、家と縁があろうとなかろうと普遍的にすべての老人を介護するのだという普遍主義的な人格崇拝にいたること。それが、日本の「家の境界」の意識を突破し、全面的に公的サービスで老人の介護をまかなっていく福祉国家が成立するためには必要だ。

日本の「家の境界」の特質を明らかにするため、比較対象として公的介護を充実させたスウェーデンをとりあげ、そこで人格崇拝という理念をささえた社会的な土壌を〈家〉という視点から考える。それが本書の第二の眼目だった。

スウェーデンで、人格崇拝をささえた社会的な土壌は何だったか。それは日本とは異なるスウェーデンの〈家〉の論理にあった。そこでは、家の財産と引き替えに老人の面倒を見る隠居契約を結ぶときにも他人は他人のままであり、老人の養子にはならなかった。契約さえ結べば血縁の擬制なしに他人をも含みうる開放性が〈家〉にあった。スウェーデンで「国民の家」という福祉国家のスローガンを唱えることができたのも、この〈家〉の開放性のためであった。

ではなぜ日本では養子のような血縁の擬制をする必要があるのか。それは血縁の子孫に祀ってもらわないと死後の幸福は得られないという祖先崇拝の考えのためである。子供がいないから血縁でない子供を子孫にするしかないが、せめてその子と自分の間には血縁関係があるということにしておきたい。これが血縁を擬制する理由である。

これに対し、スウェーデンでは祖先崇拝は消滅していた。血統よりも改心に救済の基礎をおくキリスト教では子孫に祀ってもらう必要はない。そのため、血縁の擬制にこだわることなく、スウェーデンでは隠居契約を結ぶだけで十分だと考えられた。

それぞれの社会の「家」の論理の根本をつきつめていくと、死者がどのような関係の生者に祀られれば幸福になれると考えるのかという死後の幸福観、死生観の問題につきあたるのである。

3　死者と生者の関係と老人介護

この死者と生者の関係という死生観から老人介護の問題を見直すことが本書で第三に行ったことだ。老人を介護することは、最終期においてはその老人の死を看取ることである。介護を受けながら死者となっていく老人、ひいては死者との関係を生者のわれわれはどう構築していくのか。この問題を考えることで、老人介護をささえるわれわれの根底にある思いや感情に迫ることができるのではないか。こういった視点から、第III部では議論を展開してみた(2)。

第一に押さえなければならない事実は、介護される老人はやがて死んでいくということだ。老人は必ず死ぬ。老人はやがて死者となる存在なのである。

介護されようがされまいが、老人は死んでいくだろう。しかし、どうせ死んでしまうんだから老人を介護する必要などないとはわれわれの多くは考えない。死にゆく老人を介護しなければならないとわれわれの多くは感じている。さきほど介護は合理性を越えるといったのはこのことだ。

だが実際に介護しなければならないと強く感じるのは、老人が自分と縁がある場合（自分の祖父母や両親、配偶者など）だけだろう。自分と縁のある老人は介護しなければいけない。これが個別主義の考えだった。

しかし、このような個別主義の考えのもとでは、すべての老人への介護サービスを公的に整備すべきだという普遍主義への疑問がでざるを得ない。自分と縁もゆかりもない老人への介護サービスのため、なぜ自分が税金などを払わなければいけないのか。こういう疑問は多くの人が持っていると思われる。

こういう疑問を持つのは、死にゆく老人と自己の関係を、縁と無縁という視点でしかとらえられないからだ。

つきつめると老人介護の問題は、死者と生者の関係をどうとらえるかという死生観の問題にいきつく。

では、自分の身内の老人だけが大事だという個別主義から、すべての老人を介護すべきだという普遍主義へどうすれば近づきうるのだろうか。その手がかりを、これまでの死の意味づけの分析の中に探ってみたい。

4 個別主義から普遍主義へ

4・1 個別主義は普遍主義に近づきうる

ここで取り上げるのは、太平洋戦争後、旧敵国による裁判を受け刑死した者の遺書（『世紀の遺書』等）を作田啓一や鶴見和子が分析した論文である（作田［1960］1972,［1964］1967；鶴見［1968］1998）。

本来は、今後の死生観の変動を見るためには戦後に生まれ育った刑死者の遺書を分析した方が望ましいのだが、戦後生まれの刑死者の遺書は管見のかぎりまとまった形では公になっていない。死刑自体の数が少ないし、死刑存続の是非が問われる中で今後法務省が刑死者の遺書をどんどん公開していくということも期待しにくいだろう。そこで、ここでは戦前に教育を受けた者の遺書という限定を意識しながら、戦中派の遺書の分析を読み込むことにしたい。

図10　死の意味づけの４タイプ

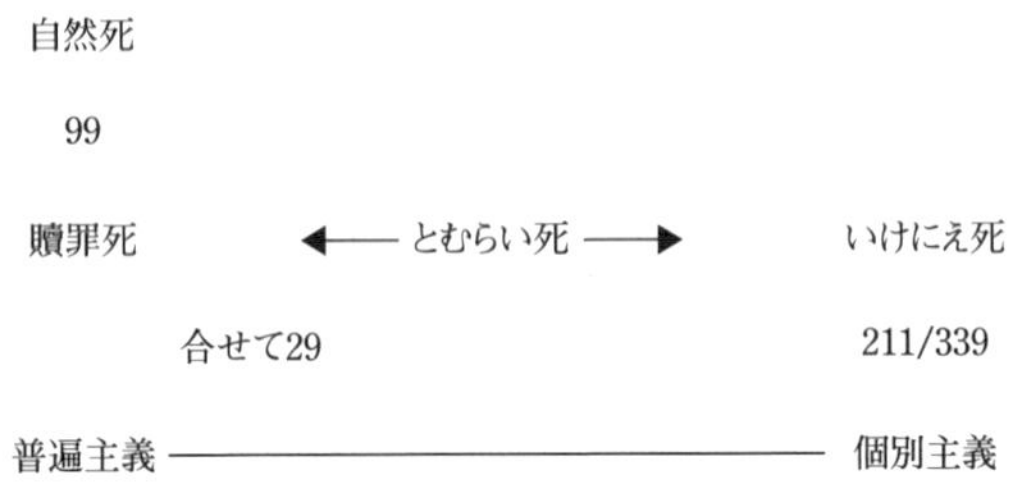

まず、先に書かれた作田の論文をとりあげたい。ここで注目したいのは個別主義から出発して普遍主義に至る場合があると作田が指摘したことだ。

作田は『世紀の遺書』等を分析し、「死の意味づけ」の四タイプというモデルを作り出した（作田［1964］1967）。「いけにえ死」、「とむらい死」、「贖罪死」、「自然死」の四つである。これを本書の視点である個別主義、普遍主義の軸で整理するなら、上のような図10がかける。「いけにえ死」は、自分が所属していた集団やメンバーのために自己を犠牲にすることに「死にがい」をみいだすものである。自分の個別の集団のための死であるから個別主義である。これに対し、「贖罪死」は、自分の犯した罪への償いとして死を受け入れる普遍主義的な罪の意識にもとづくものだ。「とむらい死」は、人びとへの「とむらい」に死の意味を見いだすもので普遍主義と個別主義の間に位置する。「自然死」は、刑死を、避けがたい「自然死」であるかのようにみなし、受容する。

自分の仲間のために死ぬのだという「いけにえ死」は個別主義である。作田によれば、この仲間の範囲は、自分の軍隊の仲間や日本国家を越えて、敵味方を含む仲間、すなわち戦争の悲惨さを共に味わった仲間にまで拡大しうるという。それを可能にさせるのが「死者との連帯」である。

ある軍医の遺書にそれがある。軍医が受け持った所で敵国の捕虜が死んでいった。それは食料と医薬品の絶対的な不足という、彼一人の力ではどうしようもない悪条件のためであった。しかし、軍医は自分の死刑を受け入れた。戦争の悲惨の中で死んでいった二〇〇〇人の敵国の捕虜のことを考えれば、私一人が死んでいくのは当たり前だと軍医はいう。

多数の敵国の死者との連帯を感じ、彼らをとむらうためには、自己の死もやむを得ないと感じる。(3) ここに「とむらい死」が現れる。

「とむらい死」は、とむらわなければならない仲間が、日本人を越えて他民族にも広がりうる点に特徴がある。ここでは、個別主義を深めることによって個別主義を超え、ほとんど普遍主義に近づいている。普遍主義的な罪の意識にもとづく「贖罪死」に近づくのである(作田［1964］1967：163-5)。

しかし、このように作田が取り出した普遍主義につながりうる死の意味づけ、すなわち「贖罪死」と「とむらい死」は分析対象の一割にも満たなかった(二九名／三三九名、作田［1960］1972：391, 393)。「とむらい死」には、軍の仲間しか含まず、他民族には広がらない場合もあるから、実際に普遍主義にいたる「とむらい死」の数はもっとすくないだろう。

また、作田が「とむらい死」の例としてあげたのは二例だが、そのいずれも軍医中尉だった(作田［1964］1967：162-4)。医者になるための高等教育を受けた例外的な個人だけが普遍主義に近づきえたのかもしれない。

戦前に教育を受けた日本人には、あくまで自分の所属する集団だけが大事だという個別主義が多数を占めていた。

だが、少数だからという理由で、個別主義に根ざしながら普遍主義につながる「とむらい死」の思想的意味を葬り去ってはならないだろう。このような思想がどのような土壌に根付いていく可能性があるかは、今後の検討を待っているからである。

第五章では「生まれかわり」の民俗自体の中に血縁という個別主義を超える契機があることをいった。弔い上げのときにたてたウレツキ塔婆が根付くと祖霊は血縁を越え、どこかの家に再生したといわれる。日本の民俗の一部では祖霊自体の中に、家の境界という個別主義を突破していく運動性があった。

このような「生まれかわり」について私が勤務校の中京大学で講義したとき、「生まれかわり」を言われたことがあるという感想自体は意外に多かった。しかし、学生諸君のいう「生まれかわり」は、祖父母の命日と自分の誕生日が同じだから「きっとおじいちゃんの生まれ変わりだよ」などといわれた、といった感想がほとんどであった。これは血縁の間を個人格を失わないままに生まれかわっていることになる。血縁を越えて他の家に生まれかわると信じるとはっきり述べた感想は一例のみであった。少なくともここでは血縁を越えた生まれかわりという思想が受け入れられる土壊はほとんどないように見える。

4・2 土着の信仰から普遍主義へ

しかし、血縁の中での「生まれかわり」という土着の信仰を前提としながらも、そこから普遍主義へむかうことも不可能ではない。それは死んだ祖父や祖母の生き様がどのように語られ、血縁の子孫によってどのように解釈されるかにかかっている。死者の生き様が、親族や血縁といった身内だけを大事にするのでなく、近所の人のためにもよく働いた人だったと語られることがあれば、語りを聞いた子孫が、死者の普遍主義的な魂を解釈によって作り出し、自分はそれを受け継いだのだと考えることがありうる。さらにいえば、死者の普遍主義的な生き方が実際に語られる必要もじつはない。むしろある死者がいたという記憶だけがあって、その死者の生き様、死に様の記憶に空白や欠落があったほうが、子孫が普遍主義的な魂を先祖に読み込みやすくなる可能性もあるのだ。

その実例が、鶴見（[1968] 1998）がとりあげた軍医である。彼は、血縁の中での「生まれかわり」という土着の信仰に根付きながら普遍主義へと達した。

昭和十九年六月、海軍軍医中佐の上野千里は、上官の命令に背き、二人の米軍捕虜を助けようとして切開手術を行う。だが、その直後、上野の部下たちは上官の命令をうけて捕虜たちを処刑する。彼は部下の罪を進んで負い、昭和二十四年三月グアム島で刑死する。昭和二十三年十二月、上野は妻と五人の子に次のような遺書を書いた（鶴見［1968］1998：144；巣鴨遺書編纂会［1953］1984：

732–6)。

余は特に労働医学（労働者の健康管理）を日本に於て最初にして最大の計画の下に実施に着手せるその第一人者たりしをひそかに自負せり。……その仕事に対する誇りと数々の経験とは余をして獄中に夢見さすことあり。即ち余は他の人々と異り亡父を人と成して共に若死せる女工たりし亡父の妹二人の霊、余に移りて斯の道への熱情たらしめたるなり。されどすべて夢となりぬ。他は言わず。御身等心を合せ世の弱く貧しき人々のため縁の下の力となる心意気を常日頃より養われんことを。しかして世の正義の為、真の愛の為、美しき祖国の再建に挺身されよ。（736　原文カナ書き。鶴見の引用よりも省略を減らした。）

鶴見は、上野の遺書の他の部分も引用した後で、次のように述べた。

上野は、かれの二人の伯母の「霊」が、かれにのりうつって、かれを、労働医学に献身させたように、かれの妻と五人の子どもたちの中に、かれ自身の死後の魂が宿って、かれのしのこした仕事を、なしとげるように、はげましている。（鶴見［1968］1998：145–6）

ただ、上野の遺書のすべてをよんでみると、死後のかれは妻子の中に宿るだけでなく、そばにいて見守っているという印象を受ける。「父は神の御助けにより常に御身等の傍らに在り。」「私はもうすぐみんなのところに帰って、それからはいつもみんなと一緒にいます。」「天国からじつと見守つているお父さんに／手を振つてみんな答えておくれ「おう」と。」（巣鴨遺書編纂会［1953］1984：735–7）。

第五章でデュルケムによりつつ、二つの場に霊魂が存在すると考えうると述べたが、上野の場合もそう考えている例だと解釈できる。魂の宿り先としての妻子の中と、いわば守護霊として見守る妻子のそばという二つの場だ。

死後の霊魂がとるこの二つの場は、死に臨みながらも生きている上野の二つの思いを表す。すなわち第一に、上野がし残した仕事を妻子になんらかの形で、し続けていってほしいという願いである。それが妻子の中に死後の魂として宿りたいという観念を生む(4)。第二に、四十三才という若さで死刑にされ、五人もの幼い子供を妻一人に託さねばならない無念さである。せめて子供たちが独立するまでは生きて子供たちの成長を見守りたかっただろう。その思いが死後も妻子のそばにいて見守り続けるという観念を生んだ。

ここでの「生まれかわり」思想は、あくまで生きる上野のためのものである。上野が、たとえ夢の中であれ、若死にした二人の伯母の霊が自分に移って労働医学の道への熱情をかきたてたのだという解釈をうち立てたのは、自分がたとえ死んで霊魂となっても仕事の面では永遠に生き続けることができると考えることで、刑死までの生を生き続けるためであった。

また鶴見は、先の文章に続けて次のように書いた。

上野の反戦の思想は、あきらかに柳田国男の指摘した祖先信仰と生まれ代りの信念とに深く根ざしている。しかし、上野の土着信仰は、自分の家族および日本人だけを準拠集団とする個別主義からは自由である。かれは、上官の命令に背いてまで……捕虜の人命を救けるための手術を行なった。そのイミでは、かれは、戦場において既に普遍主義の立場に立っていた。しかも思想の行動のもっとも深い根は土着の信仰である。ということは、かれの人類主義は土着の信仰をテコとしながら、その信仰を、本来の個別主義から解き放って普遍主義化することによって成立したのである。（鶴見［1968］1998：145–6）

本書の視点からいえば、上野が自分に「移りて」きたと書いた、若死にした二人の伯母という先祖の魂が、実際に普遍主義的であったかどうかが問題ではない。先祖という死者の生き様、死に様の中に、上野千里という子孫がどのような生きる自己像を読み込むのかという、生きる自己の構築のありかたが問題となっているのである。

日本では「先祖」と自己の間の精神的つながりが残り続け、「先祖」が自己のアイデンティティの精神的拠点、自己の実存的位置づけの確認の拠点となってきたといわれる（森岡 1984：262；孝本 2001：25）。この指摘をふまえ、以上のような視点から私は今後死者と生者の関係を調査し再考していきたいと考えている。
それは、先祖という死者の私的追憶の中から、どのような普遍主義が立ち上がってくる可能性があるのかを問う作業になっていくはずだ。

4・3　私的追憶から普遍主義は立ち上がってくるか

第六章では、スウェーデンの私的追憶が福祉国家化の徹底を妨げなかったように、日本の私的追憶も福祉国家化の妨げとならないばかりではなく、むしろ福祉国家を下支えする思想へと変容しうる可能性もありうるとのべた。

私的な情愛をもつ死者を追憶する中から、自分と縁もゆかりもない老人への公的介護のために税金や保険料を払おうとする普遍主義ははたして立ち上がってこられるのだろうか。

「私的追憶」はメモリアリズム（memorialism）の訳語であり、メモリアリズムを指摘したのは中国を調査したフリードマンであった。

注目されるのは、血縁が非常に重視される中国においてさえも、私的追憶が血縁を突破し、非親族をも追悼の対象とすることがある点である（Freedman 1966：153-4/195）。

日本にも、ある男性が、長い間深い間柄だったが親族ではない女性の位牌を、親族の位牌とともにおいた事例がある（Smith 1974：222-3/290）。

つまり、私的追憶は〈私〉との情愛的つながりがありさえすれば、どのような死者に対してもできる。〈私〉が弔いたいのは、血縁のある家族だけに限らず、恋人や友人や知人、あるいは向こうは〈私〉を知らないが〈私〉は情愛を感じている誰か、カリスマ的存在でもありうるわけだ。その意味では、私的追憶は血縁や近親という個別主義を超える契機を持っている。

4・4 非親族の位牌を祀る日本

スミスやシューが行った日本の位牌の分析では、さらに興味深い例がある。

スミスが「私的情愛の領域」という章であげている例だが、まったく縁もゆかりもない他人の、そもそもだれなのかも知らない人の位牌を仏壇で祀っている場合があった。その家の跡取りにあたる人が、その位牌を、ひどい高潮のあった後に浜で拾ったのである。「私がこれを見付けたんですから、つまり私にこの位牌の供養をしろという意味なんだろうと、まあ考えたわけです」(Smith 1974 : 206/325)。シューはこのような報告を芦屋と呉の二軒の家で確認している。

シューはこのようなことは中国では考えられないとしている。そうした位牌をお寺で荼毘に付することはあるかもしれないが、自分たちの家に持ち帰ることはしないはずだという (Hsu 1963 : 訳 288–9 : Hsu 1975 : 49)。

この事例はさまざまな読み方ができるだろう。シューの図式からいえば、中国が血縁にこだわる例として読むことができる。この事例には契約の要素はないので縁約という論理ではないが、中国とは違って日本の祖先には血縁にこだわらない一種の開放性があることを示すものだろう。

また、第五章でふれた高取や橋本が指摘したような、祖先崇拝が血縁に限定されずにより普遍化され、家とは関係のない無縁の餓鬼である三界万霊の供養に近づいている例として読むこともできる。

この事例には、日本では「祖先」が血縁に限定されないため、祖先崇拝自体の中に血縁を突破する可能性があるのだという読み込みもできるだろう。

しかし、このような観念ははたして現在でも残っているだろうか。

4・5　生命の円環的認識から直線的認識へ——血縁の強化か?

現代はむしろ血縁にこだわる傾向が強まっているのではないか。生殖技術の発達により、子どもの生命のとらえ方が変化しつつあるからである。

一九八〇年代後半に女性への聞き取り調査を行った中山（1995）によれば、子どもは「つくる」ものだとほとんどの女性がいい、「授かる」ものだという女性はきわめてまれだったという。ここには柳田がかつて指摘したような子どもがだれかの生まれかわりだという生命の円環的認識がほとんどみられない。誕生をまって自己の世界の始源とし、死で完結するという考え方、生命の直線的認識が大勢であった。

このような生命の直線的認識は、生命の有限性と「不連続性」を明確化する。宗教学者の田丸徳善は「自らを死すべき有限なものと自覚した人間がいかにして、この有限なる生命に意味を付与することができるか」と問い、「なんらかの形で、全体との関連を回復し、そこから個を基礎づけるということ以外にない」、この役割を果たすのが「永遠の生命、無限の生命ないし不死といったシンボル」だろうとした。

われわれはいま、どのようにしてこれらのシンボルを獲得しようとしているのか。

ある不妊を告げられた女性はつぎのように語っている。「自分が人間社会や自然界から切り離されているというのでしょうか。人は親から命を受けついで、それを子に、子は孫にという、命の鎖を繋いでいきますでしょ。何百年という長い時間の流れが、そうして続いていきますでしょ。周囲の人は、そうして皆親になり、そうした鎖の輪の一つになっているのに、わたしだけがはずされてしまうという疎外感です。」

生命は「不連続な個人」の集合体であるという直線的認識が強化されるほど、われわれは「不連続な個人と個人」をつなげていく「実の親」と「わが子」という血縁のつながりを、永遠の生命のシンボルとして重視するようになり、それに固執する傾向は促されるのではないか。生殖技術が進むほど「不連続な個人」がより鮮明になり、血縁を重んじた「わが子」意識が強くなるのではないかと中山はいう（中山 1995：47–50）。

生まれかわりには血縁を越える論理がはらまれていると第五章で述べたが、それが生命の直線的認識の強まり、血縁幻想の強化によって、論理の単なる可能性にとどまるのかどうか。それを見きわめるには、生命の認識のしかたの変化方向も調査していく必要があるだろう。

4・6 死者と自我の関係構造と「家の境界」

また、日本で「家の境界」の意識が強迫的な執拗さをもってしまうのは、〈私〉が介護を行うことが、死者となる老人のためではなく、まさに〈私〉自身のためであるからではないだろうか。つまり、「家の境界」の意識は、死者との関係においてはじめて自我が成立するという、日本の自我のあり方と関係しているのではないか、ということだ。

死者となっていくはずの老人や病者に徹底した介護や看護を尽くすこと。それによってはじめて、老人や病者の死後も、〈私〉はその死者と関係することができ、自分を意味づけることができる。死にゆく者に尽くすのは〈私〉でなければならず、そうでなければ〈私〉を成り立たせている拠点は崩壊してしまう。自己を実存的に位置づける、アイデンティティの精神的拠点である先祖となるはずの者に儀礼を尽くさない限り、〈私〉を成り立たせる拠点はなくなってしまう。このような自我のなりたちが想定されてはじめて、死んでいく者を介護するのは家族の〈私〉でなければならないという「家の境界」の意識の強迫的な執拗さを理解することができるのではないだろうか。

このような問題意識から今後めざしているのは、第一に、墓の調査をつうじて日本の死者と自我の関係構造を明らかにすることであり、第二に、その関係構造が、介護サービスへの抵抗感である「家の境界」の意識とどう結びついているのかを探ることである。

だが、日本における死者と自我の関係構造を明らかにするためには、他の社会との比較を行うことが不可欠である。他の社会との比較なしでは、日本の特殊性ともいわれる死者との関係で成り立つ自我の構造が、ほんとうに日本だけのものかどうかはわからないからだ。第六章の最後に述べたように、イギリスでも死んだ両親と対話することで自己の生の意味づけの再確認は行われている。以上のような視点から、共同墓と家族墓をめぐる死と生のライフヒストリー研究を私は今後予定している。焦点を当てるのは「先祖」と自己の関係である。現在でも特に共同墓においても「先祖」と自己の精神的つながりが残り続けているかどうかが調査のポイントになるだろう。

ただし、スウェーデンとの比較をめざすため、ここでの「先祖」は同世代の者も含みうる広い意味でとらえたい。つまり、病気や事故などで先に逝った配偶者、兄弟など、自己と何らかの関係を持ちながら先行して死者となった同世代の者をも「先祖」だととらえ調査を行う。「先祖」というよりも自己と関係する死者が、生者によってどうとらえられており、それが生者の生き方にどのような影響を与えているかを調査していきたいと考えている。

以上のような調査により、福祉をめぐる人々の規範意識が、死者との交流またはその欠如からどのように形成されていくのかを今後は明らかにしていきたい。それは、宗教社会学的な視点から福祉国家研究を再構築することにつながっていくはずである。

注

（1）一人暮らし世帯の自殺率の高さへの対処にはまた別途の対策が必要となるだろうが、表2をみるかぎり同居するよりは一人暮らしのほうがましである。

（2）同様の視点をもつものとして、広井（2001, 2003）がある。

（3）副田（2001：293）は、死者との「連帯」よりも死者との「つながり」の方が適切だろうと指摘している。その理由として、第一に加害者の面をもつ軍医が被害者との「連帯」をいうのはむりがあること、第二に「連帯」の語感には作田論文に初出当時にはやや悲壮感があったが現在はないこと、第三に作田の副田宛の書簡でも「死者とのつながり」といっている、という三点を挙げている。私も同感だが、本文では作田論文初出の表現にしたがった。

（4）仕事が、死を超える象徴的不死性のシンボルとして重要な位置を占めることをR・J・リフトンは指摘した（Lifton 1976：33/28；加藤・ライシュ・リフトン 1977）。

福祉国家の従来の研究は計量的・政策科学的なものが多かったが、そうではないものを本書はめざした。

死に向かう老人を家族が介護しなければならないと感じてしまうのはなぜか、その意識を越えて福祉国家を要求する論理は、どのようにすればわれわれに受け入れられるのか。老人介護をめぐる新たな規範はどのような死生観から生み出すことができるのか。このような、われわれ一人一人の規範意識を生み出しているものについての問いが本書を書かせた。

規範意識の根底を問う、宗教社会学的な視点から福祉国家研究を再構築すること。それが、本書を書きあげた現在、私がめざしていることである。なぜ、そのような視点にいたったのかについては、本文を読んでいただければ幸いである。

本書は、二〇〇〇年三月に大阪大学大学院人間科学研究科から学位授与された博士論文「老人福祉を成り立たせる論理――〈家〉・効率性・人格崇拝」に加筆修正を行ったものである。審査していただいた主査の大村英昭先生（現関西学院大学）、副査の伊藤公雄先生、山中浩司先生、斉藤弥生先生に厚くお礼申しあげる。

指導教官の大村先生をはじめ阪大人間科学研究科の諸先生方や諸先輩・仲間には、さまざまな形でご指導・ご批判をいただき、たいへんお世話になった。特に私のいた動態社会学の大村先生、橋本満先生（現甲南女子大学）、山中先生には何度もご指導いただいた。法学部出身で社会学には門外漢であった私は、研究科のみなさんとの折々の話からも、社会学的な発想とはどういうものかについて多くを教わったと思う。

一九九六年九月から一年間お世話になったスウェーデンのウプサラ大学社会学部にも厚くお礼申しあげたい。最初にコンタクトをとったグンヒルド・ハマーシュトレム学部長（当時）は、家族社会学者のヤン・トロスト教授とともに、客員研究員としての受け入れを決めてくれた。ラルシュ・トルシュタム教授が率いる社会老年学グループのゼミにも参加させていただき、特に院生仲間であったペーテル・エーベリ、マリアンヌ・ヴィンクヴィスト、トルビョーン・ビルトゴード、安祥薫（アン・サンフン、現ソウル大学）には公私ともにお世話になった。

私の博論執筆中、スウェーデンに留学されていた佐藤睦朗氏（現神奈川大学経済学部）には、博論と本書の執筆にあたってたいへんお世話になった。ご留学中にはお忙しいなかにもかかわらず、さまざまな本や論文をご教示いただき大量のコピーまでわざわざ送ってくださった。特に、第三章の初出論文について佐藤氏と議論する中から、スウェーデンの開かれた〈家〉という本書の中心の一つをなすアイデアを固めることができた。

本書の一部は、関西社会学会、社会文化理論研究会、関西社会政策研究会、柳田国男読書会欠片会、八事研究会、宗教社会学の会、福祉社会学会で発表させていただいた。発表を聞いていただいた方々、ご批判とご指摘をいただいた方々に感謝申しあげたい。そのすべてに本書でおこたえすることはできなかった。今後の課題とさせていただきたい。

山口県大島町笠佐島の調査では大島町役場廣田昌美氏、田中貞雄・八重子ご夫妻、栄正見氏に、三重県菅島では別館松村さんに、ご協力をいただいた。記して厚く謝意を表したい。

私が勤務する中京大学の学生諸君にも感謝したい。もし本書の内容が加筆修正によって少しでも深く、かつ、わかりやすくなっているとすれば、それは本書の内容を講義した後に受けた彼らの疑問や批判のおかげが大きい。

学部生時代からの畏友、浅野智彦にはどのような感謝の言葉を述べればよいのかわからない。私は三年半働いた会社を辞めた後さまざまな道を模索したが、最終的に社会学にたどりついたのは彼のおかげである。今回はまた出版社への紹介の労までとってくれた。

資金面の援助として、一九九六年から一九九九年まで日本学術振興会特別研究員に選ばれ、科学研究費補助金の助成を受けたことで、博士論文を作成することができた。これがあってはじめてスウェーデンへの留学も可能になった。

本書の各章の初出論文は、第一章が大岡（1998）、第二章と第四章が大岡（2000）、第三章が大岡

(1997)、第五章が大岡 (2002)、第六章が大岡 (2003) である。

博士論文への加筆修正のため、二〇〇一～二〇〇二年度科学研究費補助金 (奨励研究A) および二〇〇三年度科学研究費補助金 (萌芽研究) による研究成果 (大岡 2002, 2003 など) の一部を利用させていただいた。

勤務校から二〇〇二年度中京大学特定研究助成 (個人研究) と二〇〇三年度中京大学出版助成を受けたことで本書の執筆と出版は可能になった。関係部局の方々に厚くお礼申しあげたい。

勁草書房の松野菜穂子さんにはたいへんお世話になった。はじめての出版のため私がいろいろと素人的な質問をしたにもかかわらず、いつもていねいに対応していただき深く感謝している。

最後に私事ではあるが、どのようなときにも私を支えてくれた、父と母と、いつも最初の読者であり的確なアドバイスをしてくれた妻に、本書を捧げる。

二〇〇四年一月

大岡頼光

索　引

ア　行

カ 行

サ　行

タ　行

ナ　行

ハ　行

マ　行

ヤ　行

ラ　行

参考文献

阿部謹也，1995，『「世間」とは何か』講談社現代新書．

穴見明，1997，「スウェーデン」田中浩編『現代世界と福祉国家——国際比較研究』御茶の水書房．

Andersson, Ingvar and Jorgen Weibull, 1988, *Swedish history in brief*, 4. rev. ed., Stockholm : Swedish institute (Svenska institutet).（＝1988，潮見憲三郎訳『スウェーデンの歴史』文眞堂．）

Andersson, Lars, 1986, "Önskemål om informell och formell hjälp och vård," *Socialmedicinsk tidskrift*, nr 5-6, 225-33.

Anttonen, Anneli and Sipilä Jorma, 1996, "European social care services : Is it possible to identify models?" *Journal of European Social Policy*, 6 (2).

Ariés, Philippe, 1975, *Essais sur l'histoire de la mort en Occident du Moyen Age à nos jours*, Paris : Éditions de Seuil.（＝1983，伊藤晃・成瀬駒男訳『死と歴史』みすず書房．）

———, 1977, *L'homme devant la mort*, Paris : Éditions du Seuil.（＝1990，成瀬駒男訳『死を前にした人間』みすず書房．）

阿藤誠編，1996，『先進諸国の人口問題』東京大学出版会．

Baldwin, Peter, 1990, *The Politics of Social Solidarity : Class Bases of the European Welfare State 1875-1975*, Cambridge : Cambridge University Press.

Barr, Nicolas, 1993, *The Economics of the Welfare State*, 2nd ed., Oxford : Oxford University Press.

Ben-Amos, Avner, 2000, *Funerals, politics, and memory in modern France, 1789-1996*, Oxford; New York : Oxford University Press.

Berglund, Inger, 1994, *Kyrkogårdens meditativa rum : besöket, upp-*

levelsen, gestaltningen, Stockholm : Verbum.
Bergson, Henri, 1932, *Les deux sources de la morale et de la religion*, Paris : Felix Alcan.（＝1979，森口美都男訳「道徳と宗教の二つの源泉」『世界の名著 64　ベルクソン』中央公論社.）
Boholm, Åsa, 1983, *Swedish kinship : An exploration into Cultural Processes of Belonging and Continuity*, Göteborg : Acta Universitatis Gothoburgensis.
Borchorst, Anette, 1994, "Welfare State Regimes, Women's Interests and the EC," Diane Sainsbury ed., 1994, *Gendering welfare states*, London : Sage.
Bringéus, Nils-Arvid, 1987, *Livets högtider*, Stockholm : LTs förlag.
Broberg, Gunnar & Mattias Tydén, 1991, *Oönskade i folkhemmet. Rashygien och sterilisering i Sverige*. Stockholm : Gidlunds.
Broberg, Gunnar and Nils Roll-Hansen eds., 1996, *Eugenics and the welfare state : Sterilization Policy in Denmark, Sweden, Norway and Finland*, Michigan : Michigan State University Press.
Bussemaker, Jet and Kees van Kersgergen, 1994, "Gender and Welfare States : Some Theoretical Reflections," Diane Sainsbury ed., 1994, *Gendering welfare states*, London : Sage.
Carlson, Allan, 1990, *The Swedish experiment in family politics : The Myrdals and the interwar population crisis*, New Brunswick : Transaction Publishers.
Carlsson, Sten, 1956, *Bonden i svensk historia, del III*, Stockholm : Lantbruksförbundets tidskriftsaktiebolag.
Coleman, Peter, 1984, "The Netherlands : Poverty and Disability in Old Age," Robert Walker et al., *Responses to poverty : lessons from Europe*, London : Heinemann Educational

Books.
Dansel, Michel, 1999, *Les lieux de culte au cimetière du Père-Lachaise*, Paris : Guy Trédaniel Éditeur.
Davidson, Alexander, 1989, *Two Models of Welfare——The Origins and development of the Welfare State in Sweden and New Zealand, 1888-1988*, Stockholm : Almqvist & Wiksell International.
Déchaux, Jean-luc, 1997, *Le souvenir des morts. Essai sur le lien de filiation*, Paris : Presses Universitaires de France.
———, 1998, "La fin du culte des morts?" Jean-luc Déchaux, Frederic Jesu et Michel Hanus (sous la direction de), *Les familles face a la mort*, Le Bouscat : L'Esprit du Temps.
出口顯，2001，『臓器は「商品」か——移植される心』講談社現代新書．
Durkheim, Émile, [1893]1978, *De la division du travail social - Étude sur l'organisation des sociétés supérieures*, 10e éd., Paris : Presses Universitaires de France.（＝1971，田原音和訳『社会分業論』青木書店．＝1989，井伊玄太郎訳『社会分業論』講談社学術文庫．）
———, [1897]1960, *Le Suicide : étude de sociologie*, Paris : Presses Universitaires de France.（＝1985，宮島喬訳『自殺論』中公文庫．）
———, 1898, L'individualisme et les intellectuels, *Revue bleue*, 4e série, t. X, 7-13.→1970, *La science sociale et l'action*, Paris : Presses Universitaires de France, 261-78.（＝1998，小関藤一郎訳「個人主義と知識人」『デュルケーム宗教社会学論集』行路社．）
———, 1907, 'Cours d'Émile Durkheim à la Sorbonne', *Revue de philosophie*, 5, 7, 12. Summary by P. Fontana of 1906-7 lecture course : 'La Religion : Les Origines'.（＝1998，小関藤一郎訳「宗教生活の起源についての講義」『デュルケーム宗教社会学論集』行路社．）

———, 1912, *Les formes élémentaires de la vie religieuse*. Paris : Librairie Félic Alcan.（＝1975，古野清人訳『宗教生活の原初形態』上下，岩波文庫.）

———, 1914, 'Le Dualisme de la nature humaine et ses conditions sociales', *Scientia*, XV, 206-21.（＝1998，小関藤一郎訳「人間性の二元性とその社会的条件」『デュルケーム宗教社会学論集』行路社.）

———, [1924]1974, *Sociologie et Philosophie*, 4e éd., Paris : Presses Universitaires de France.（＝1985，佐々木交賢訳『社会学と哲学』恒星社厚生閣.）

———, [1950]1995, *Leçon de sociologie : Physique des mœurs et du droit*, Paris : Presses Universitaires de France.（＝1974，宮島喬・川喜多喬訳『社会学講義』みすず書房.）

———, 1970, *La science sociale et l'action*, Paris : Presses Universitaires de France.（＝1988，佐々木交賢・中嶋明勲訳『社会科学と行動』恒星社厚生閣.）

Edebalk, Per Gunnar, 1990, *Hemmaboendeideologins genombrott - åldringsvård och socialpolitik 1945-65*. Meddelanden från socialhögskolan 1990 : 4, Lund : Lunds universitet Socialhögskolan.

———, 1991, *Drömmen om ålderdomshemmet. Åldringsvård och socialpolotik 1900-1952*. Meddelanden från socialhögskolan 1991 : 5, Lund : Lunds universitet Socialhögskolan.

Edebalk, Per Gunnar & Björn Lindgren, 1996, "Från bortauktionering till köp-sälj-system. Svensk äldreomsorg under 1900-talet," Rosmari Eliasson red., 1996, *Omsorgens skiftningar-Begreppet, vardagen, politiken, forskningen*, Lund : Stutentlitteratur.

Eiskonen, Leena et al., 1982, *Social hemhjälp i riksdagsdiskussionerna 1940-1980*, uppsats AB-kursen, Socialhögskolan, Stockholm mimeo.

Eliasson, Rosmari & Marta Szebehely, 1992, "Äldreomsorgens

särart och särbehandling," Rosmari Eliasson red., *Egenheter och allmänheter : en antologi om omsorg och omsorgens villkor*. Lund : Arkiv förlag.

Enström, Bengt, 1964, *Kyrkan och eldbegängelsrörelsen i Sverige 1882-1962*, Lund : Gleerups förlag.

Erman, Bengt, 2001, *Begravningsrätten i pratiken*, Stockholm : Verbum.

江守五夫，1996，「異姓不養」比較家族史学会編『事典家族』弘文堂，37-8.

Esping-Andersen, Gøsta, 1990, *The Three Worlds of Welfare Capitalism*, New Jersey : Princeton University Press.（=2001，岡沢憲芙・宮本太郎監訳『福祉資本主義の三つの世界』ミネルヴァ書房.）

————, 1999, *Social foundations of postindustrial economies*, Oxford ; New York : Oxford University Press.（=2000，渡辺雅男，渡辺景子訳『ポスト工業経済の社会的基礎　市場・福祉国家・家族の政治経済学』桜井書店.）

Filloux, Jean-Claude, 1970, "Introduction," Émile Durkheim, 1970, *La science sociale et l'action*, Paris : Presses Universitaires de France.

Fonus, 2002, "Vad är Fonus?" (http://www.fonus.se/om_fonus/index.html?c=29&sc=90&id=362, 2003. 8. 3)

Foucault, Michel, 1976, *Histoire de la sexualité 1, La volonté de savoir*, Paris : Gallimard.（=1986，渡辺守章訳『性の歴史 I　知への意志』新潮社.）

M・フーコー/渡辺守章，1978，『哲学の舞台』朝日出版社.

Francis, Doris, Leonie Kellaher and Georgina Neophytou, 2001, "The cemetery : the evidence of continuing bonds," Jenny Hockey, Jeanne Katz and Neil Small, *Grief, mourning, and death ritual*, Buckingham [England] ; Philadelphia, PA : Open University Press.

Fredriksson, Eva, 1999, "Minneslunden ger anonymitet på gott och

ont," *Svenska Dagbladet*, 1999. 8. 2.

Freedman, Maurice, 1958, *Lineage organization in southeastern China*, London : Athlone Press.（=1991，末成道男，西澤治彦，小熊誠訳『東南中国の宗族組織』弘文堂.）

———, 1966, *Chinese lineage and society : Fukien and Kwangtung*, London : Athlone Press, University of London.（=1995，田村克己，瀬川昌久訳『中国の宗族と社会』弘文堂.）

藤井正雄，2000，『死と骨の習俗』双葉社.

藤崎宏子，2000，「家族はなぜ介護を囲い込むのか——ネットワーク形成を阻むもの」副田義也・樽川典子編『現代家族と家族政策』ミネルヴァ書房.

蒲池勢至，1993，『真宗と民俗信仰』吉川弘文館.

Garmo, Sune, 1981a, "Minneslundarnas symbolspråk," *Svensk pastoraltidskrift*, häfte 34, 628-30.

———, 1981b, "Minneslunden, ett uttryck för en icke-kristen människosyn," *Vår kyrka*, häfte 12, 19.

Gaunt, David, 1978, "Household Typology : Problems, Methods, Results," S. Åkerman et al. eds., *Chance and Change : social and economic studies in historical demography in the Baltic area*, Odense : Odense University Press.

———, 1983, "The property and kin relationships of retired farmers in northern and central Europe," R. Wall, J. Robin and P. Laslett eds., *Family Forms in historic Europe*, Cambridge : Cambridge Univesity Press, 249-79.

———, 1996, "Hemvård istället för vårdhem - Den öppna vårdens uppkomst," David Gaunt & Göran Lantz red., *Hemmet i vården, vården i hemmet*, Stockholm : Liber.

Gorer, Geoffrey, 1965, *Death, grief, and mourning in contemporary Britain*, London : Cresset Press.（=1986，宇都宮輝夫訳，『死と悲しみの社会学』ヨルダン社.）

Gough, Ian, 1979, *The Political Economy of the Welfare State*, London : Macmillan Education Ltd.（=1992，小谷義次ほ

か訳『福祉国家の経済学』大月書店.）
Gustaffson, Siv, 1994, "Childcare and Types of Welfare States," Diane Sainsbury ed., 1994, *Gendering welfare states*, London : Sage.
Hallberg, Mikael & Tomas Jonsson, 1996, "Per Albin Hansson och folkhemsretorikens framväxt," Erik Åsard red., *Makten, medierna och myterna. Socialdemokratiska ledare från Branting till Carlsson*, Stockholm : Carlsson Bokförlag.
Hansson, Per Albin, 1935, *Demokrati. Tal och uppsatser*, Stockholm : Tidens förlag.
八田達夫, 1996,「公的な介護保険が必要となる理由」岡本祐三ほか『福祉は投資である』日本評論社.
Hellspong, Mats & Orvar Löfgren, [1972]1994, *Land och stad*, Malmö : Gleerups Förlag.
Hirdman, Yvonne, 1989, *Att lägga livet till rätta - studier i svensk folkhemspolitik*, Stockholm : Carlsson Bokförlag.
広井良典, 1996,『遺伝子の技術, 遺伝子の思想』中公新書.
———, 1999,『日本の社会保障』岩波新書.
———, 2001,『死生観を問いなおす』ちくま新書.
———, 2003,『生命の政治学』岩波書店.
廣瀬真理子, 1988,「オランダの高齢者福祉政策」『海外社会保障情報』85.
———, 1992,「オランダの高齢者と家族——「インフォーマルセクター活用論」をめぐって」『季刊・社会保障研究』27 (4).
———, 1997,「オランダ」田中浩編『現代世界と福祉国家——国際比較研究——』御茶の水書房.
Holgersson, Leif, 1996, *Socialtjänst*, Stockholm : Tiden/Rabén Prisma.
本間晴樹, 1996,「スウェーデン-歴史」『電子ブック版　日本大百科全書』小学館.
堀一郎, 1971,『民間信仰史の諸問題』(日本宗教史研究　III」) 未來社.

星野智，1992，『現代国家と世界システム』同文舘．

Hsu, Francis L. K., 1963, *Clan, caste, and club*, Princeton : Van Nostrand.（＝1971，　作田啓一，浜口恵俊共訳『比較文明社会論：クラン・カスト・クラブ・家元』培風館．）

――――, 1975, *Iemoto : the heart of Japan*, Cambridge, Mass. : Schenkman Pub. Co.

市野川容孝，1997，「権力論に何ができるか――死への自由をめぐって」奥村隆編『社会学に何ができるか』八千代出版．

伊田広行，2003，『シングル化する日本』洋泉社．

池上良正，1987，『津軽のカミサマ――救いの構造をたずねて』どうぶつ社．

井上治代，2000，『墓をめぐる家族論――誰と入るか，誰が守るか』平凡社新書．

――――，2003，『墓と家族の変容』岩波書店．

井上達夫，1986，『共生の作法――会話としての正義』創文社．

石原俊時，1996，『市民社会と労働者文化――スウェーデン福祉国家の社会的起源』木鐸社．

――――，1997 a，「もう一つの「国民の家」（上）――R.シェーレーンの保守主義思想」『立教経済学研究』51（1）：1-28.

――――，1997 b，「もう一つの「国民の家」（中）――R.シェーレーンの保守主義思想」『立教経済学研究』51（3）：99-124.

――――，1998，「もう一つの「国民の家」（下）――R.シェーレーンの保守主義思想」『立教経済学研究』51（4）：75-102.

伊藤幹治，1982，『家族国家観の人類学』ミネルヴァ書房．

岩本通弥，1989，「血縁幻想の病理――近代家族と親子心中」岩本通弥ほか編『都市民俗学へのいざないⅠ　混沌と生成』雄山閣出版，83-108．

――――，1999，「「死に場所」と覚悟」岩本通弥編『覚悟と生き方』ちくま新書．

Janson, Eva, 2002, "Hur ser unga på kyrkogården?," *Kyrkogården*, 74（4）.

Jonsson, Ulf, 1980, *Jordmagnater, landbönder och torpare i sydöstra*

Södermanland 1800-1880, Stockholm : Almqvist & Wiksell International.

Jupp, Peter C., 1997, "The context of funeral ministry today," Peter C. Jupp and Tony Rogers, *Interpreting death : Christian theology and pastoral practice*, London : Cassell.

神島二郎, 1961,『近代日本の精神構造』岩波書店.

加藤周一・M.ライシュ・R.J. リフトン著, 矢島翠訳, 1977,『日本人の死生観』岩波新書.

川田稔, 1998,『柳田国男のえがいた日本―民俗学と社会構想』未來社.

川本隆史, 1997,『ロールズ――正義の原理』講談社.

Kertzer, David I., 1995, "Toward a Historical Demography of Aging," D. I. Kertzer and P. Laslett eds., *Aging in the past : demography, society, and old age*, Berkeley : University of California Press, pp. 363-83.

ロバート・キサラ, 1992,『現代宗教と社会倫理 : 天理教と立正佼成会の福祉活動を中心に』青弓社.

木下康仁, 1992,『福祉社会スウェーデンと老人ケア』勁草書房.

Kjellman, Gunilla, 1981, *De gamlas bostad-fattig-åldringskulturen. En etonologisk studie av åldringsvård och institutionsväsende i agrarsamhället*. Uppsala : Sociologiska institutionen, Uppsala universitet, Arbetsrapport (Projektet Äldre i samhället - förr, nu och i framtiden) nr. 5.

――――, 1984, *Kultur och åldrande. En etnologisk studie av boendemönster och livsformer bland äldre på svensk landsbygd*, Uppsala : Sociologiska institutionen, Uppsala universitet, Arbetsrapport (Projektet Äldre i samhället - förr, nu och i framtiden) nr. 17.

Klintborg Ahlklo, Åsa, 2001, *Mellan trädkrans och minneslund : svensk kyrkogårdsarkitektur i utveckling 1940-1990*, Alnarp : Movium.

Knipscheer, Kees C. P. M., 1992, "The Netherlands in European

perspective," Hal Kendig and Akiko Hashimoto eds., *Family support to the Elderly*, Oxford : Oxford University Press.
児玉識，1976 a，「周防大島の『かんまん宗』とその系譜」河合正治編『瀬戸内海地域の宗教と文化』雄山閣出版.
———，1976 b，「真宗地帯の風習——渡りの宗教生活を探る」竹田聴洲博士還暦記念会編『日本宗教の歴史と民俗』隆文館.
孝本貢，1986，「現代日本における先祖祭祀の研究課題」森岡清美編『近現代における「家」の変質と宗教』新地書房.
———，1992 a，「社会学における先祖祭祀研究の現在」『国立歴史民俗博物館研究報告』41：23-31.
———，1992 b，「共同納骨碑の造立と先祖祭祀」『国立歴史民俗博物館研究報告』41：151-74.
———，2001，『現代日本における先祖祭祀』御茶の水書房.
Kukathas, Chandran and Philip Petit, 1990, *RAWLS ; A Theory of Justice and its Critics,* Cambridge : Polity Press.（＝1996，山田八千子・嶋津格訳『ロールズ『正義論』とその批判者たち』勁草書房.）
Kyrkogårdsförvaltning, 2002, "Kremationsstatistik : 1987-2001," *Kyrkogården*, No. 3.
Lagergren, Fredrika, 1999, *På andra sidan välfärdsstaten : en studie i politiska ideërs betydelse*, Eslöv : Brutus Östlings bokförlag Symposion.
Laslett, Peter, 1979, "Family and collectivity", *Sociology and social research*, 63 (3).
———, 1983, "Demographic and microstructural history in relation to human adaptation," D. Ortner ed., *How humans adapt*, Washington, D.C. : Smithsonian Institution Press.
———, 1988, "Family, kinship and collectivity as systems of support in pre-industrial Europe : a consideration of the 'nuclear-hardship' hypothesis," *Continuity and Change*, 3 (2)：153-75.

———, 1989, *A fresh map of life : The Emergence of the Third Age*, London : Weidenfeld & Nicolson.
ピーター・ラスレット，1992，酒田利夫・奥田伸子訳『ヨーロッパの伝統的家族と世帯』リブロポート．
Lewin, Leif, 1992, *Ideologi och strategi. Svensk politik under 100 år. 4:e upplagan*, Stockholm : Norstedts Juridik.
Lifton, Robert Jay, 1976, *The life of the self : toward a new psychology*, New York : Simon and Schuster.（＝1989，渡辺牧・水野節夫訳『現代（いま）、死にふれて生きる――精神分析から自己形成パラダイムへ』有信堂高文社．）
Lindquist, Bosse, 1997, *Förädlade svenskar : drömmen om att skapa en bättre människa, 2. uppl.*, Stockholm : Alfabeta.
Lundh, Christer, 1995, "Households and families in preindustrial Sweden," *Continuity and change*, 10(1) : 33-68.
Löfgren, Orvar, 1974, "Family and household among Scandinavian Peasants", *Ethnologia Scandinavica*, 2 : 40-4.
———, 1984, "Family and Household among Scandinavian Peasants," R.Mc Netting et al. eds., *Households : Comparative and Historical Studies of the Domestic Group*, Berkeley : University of California Press.
MacFarlane, Alan, 1978, *The Origins of English Individualism*, Oxford : Basil Blackwell & Mott Ltd.（＝1990，酒田利夫訳『イギリス個人主義の起源』リブロポート．）
前山隆，[1983]1996，「訳者解説――「家」の先祖から「家族」の先祖へ」R・J・スミス著，前山隆訳『現代日本の祖先崇拝』御茶の水書房．
Marshall, T. H., 1950, *Citizenship and Social Class*, Cambridge University Press. Reprinted in : T. H. Marshall and Tom Bottomore, 1992, *Citizenship and Social Class*, London : Pluto Press.（＝1993，岩崎信彦・中村健吾訳『シティズンシップと社会的階級』法律文化社．）
松本由紀子，1996，「現代日本の新しい葬法――「家の墓」意識と死後

の自己決定の狭間で」『社会学評論』47（2）：216-30.
Mitterauer, Michael, 1990, *Historisch-anthropologische Familienforschung : Fragestellung und Zugangsweisen*, Wien ; Köln : Böhlau Verlag Ges. m. b. H. & Co. KG.（＝1994，若尾祐司ほか訳『歴史人類学の家族研究——ヨーロッパ比較家族史の課題と方法』新曜社.）
宮本太郎，1999，『福祉国家という戦略——スウェーデンモデルの政治経済学』法律文化社.
森岡清美，1965，「墓のない家——墓制の一側面」『社会と伝承』9（1）：13-9.（再録：1978，『真宗教団における家の構造』御茶の水書房.）
———，1984，『家の変貌と先祖の祭』日本基督教団出版局.
Mortensen, Per, 1999, "Allt fler begravs utan ritual. Storstadsfenomen. 5 000 gravsätts årligen utan anhörigas närvaro," *Dagens Nyheter*, 1999. 1. 29.
向井承子，2003，『患者追放——行き場を失う老人たち』筑摩書房.
宗像巌，1979，「近代化と日本人の宗教価値観の変容——基層宗教文化に対する工業文明の影響を中心として」柳川啓一ほか編『宗教と社会変動』東京大学出版会.
———，1983，「水俣の内的世界の構造と変容——茂道漁村への水俣病襲来の記録を中心として」色川大吉編『水俣の啓示：不知火海総合調査報告（上）』筑摩書房.
Myrdal, Alva & Gunnar Myrdal, 1934, *Kris i befolkningsfrågan*, Stockholm : Albert Bonniers Förlag.
中島香子，1996，「スウェーデン」『電子ブック版　日本大百科全書』小学館.
中村哲，1985，『新版　柳田国男の思想』法政大学出版局.
中野敏男，1993，『近代法システムと批判：ウェーバーからルーマンを超えて』弘文堂.
中山まき子，1995，「子どもを持つこととは——生命の誕生をめぐる日本人の考え方」浅井美智子・柘植あづみ編『つくられる生殖神話』制作同人社.

二文字理明・椎木章編，2000，『福祉国家の優生思想――スウェーデン発強制不妊手術報道』明石書店．
西村周三，1996，「高齢化と地域・家庭・企業」上野谷加代子ほか編『シリーズ【家族】③　高齢者と家族』中央法規出版．
樫島次郎，1987，『神の比較社会学』弘文堂．
――――，1991，『脳死・臓器移植と日本社会―死と死後を決める作法』弘文堂．
落合恵美子，1997，『21 世紀家族へ（新版）』有斐閣選書．
O'Connor, James, 1973, *The Fiscal Crisis of the State*, London : St. James Press.（=1981，池上惇ほか監訳『現代国家の財政危機』御茶の水書房．）
Odén, Birgitta, 1988, "The role of the family and State in old-age support : the Swedish experience up to 1913," *Comprehensive Gerontology*, 1988 : 2.
――――, 1993, "Tidsperspektivet," Birgitta Odén, Alvar Svanborg & Lars Tornstam, *Att åldras i Sverige*, Stockholm : Natur och kultur.
Offe, Claus, 1972, *Strukturprobleme des kapitalistischen Staates*, Frankfurt am Main : Suhrkamp.（=部分訳 1988，寿福真美編訳『後期資本制社会システム』，82-119．）
――――, 1973, "Krisen des Krisenmanagement : Elemente einer politischen Krisentheorie," Martin Jänicke hrsg., *Herrshcaft und Krise : Beitrage zur politikwissenschaftlichen Krisenforschung*, Opladen : Westdeutscher Verlag, 197-223.=1984, *Contradictions of the welfare state*, Cambridge : MIT Press, 35-64.
――――, 1975, *Berufsbildungsreform - Eine Fallstuide über Reformpolitik*, Frankfurt am Main : Suhrkamp.
――――, 1976, "Überlegungen und Hypothesen zum Problem politischer Legitimation," Rolf Ebbighausen hrsg., *Bürgerlicher Staat und politische Legitimation*, Frankfurt am Main : Suhrkamp, 80-105.（=1988，寿福真美編訳『後期資本制社

会システム』167-98.）
――――, 1984, *Contradictions of the welfare state*, Cambridge: MIT Press .（=部分訳　1986，星野智訳「福祉国家と社会主義の将来」『思想』No.743.）
クラウス・オッフェ，1988，寿福真美編訳『後期資本制社会システム――資本制的民主制の諸制度』法政大学出版局.
小熊英二，1995，『単一民族神話の起源――〈日本人〉の自画像の系譜』新曜社.
岡沢憲芙，1991，『スウェーデンの挑戦』岩波新書.
奥村芳孝，2000，『新スウェーデンの高齢者福祉最前線』筒井書房.
Olsson, Sven E., 1993, *Social Policy and Welfare State in Sweden*, Lund: Arkiv förlag.
大村英昭，1996，『現代社会と宗教』岩波書店.
大岡頼光，1997，「老人扶養における家族と共同体――ラスレット仮説の批判的検討」『ソシオロジ』41（3）：3-18.
――――，1998，「福祉を成り立たせる論理――スウェーデンとオランダの老人福祉と児童福祉の比較から」『ソシオロジ』43（2）：19-34.
――――，2000，「老人福祉を成り立たせる論理――〈家〉・効率性・人格崇拝」大阪大学大学院人間科学研究科『人間科学研究』2：97-111.
――――，2002，「共同墓の比較研究にむかって――境界突破・人格崇拝・福祉国家という視点から」『中京大学社会学部紀要』16（1）：51-86.
――――，2003，「死者の追憶と共同性――スウェーデンの葬制・共同墓研究を手がかりに」『中京大学社会学部紀要』16（1）：67-94.
Parkrud, Eva, 1997, “Allt fler äldre väljer minneslund,” *Göteborgs-Posten*, 1997. 11. 2.
Parsons, Talcott, 1951, *The Social System*, New York: The Free Press.（=1974，佐藤勉訳『社会体系論』青木書店.）
――――, 1978, *Action Theory and the Human Condition*, New

York : The Free Press.（=2002，徳安彰・油井清光ほか訳『宗教の社会学　行為理論と人間の条件第三部』勁草書房.）
Peterson, Gunilla, 1989, *Jordbrukets omvandling i västra Östergötland 1810-1890*, Stockholm : Almqvist & Wiksell International.
Pierson, Christopher, 1991, *Beyond the welfare state?* Basil Blackwell.（=1996，田中浩ほか訳『曲がり角にきた福祉国家——福祉の新政治経済学』未來社.）
Planverket, 1983, *Planering av minneslundar*, Stockholm : Liber : Byggtjänstföretagen : Sv. byggnadsingenjörers riksförb. (SBR).
Polanyi, Karl, 1944[2001], *The Great Transformation - The Political and Economic Origins of Our Time*, Beacon Press.（=1975，吉沢英成ほか訳『大転換』東洋経済新報社.）
Pott-Buter, Hettie A., 1993, *Facts and fairy tales about female labor, family and fertility : a seven-country comparison, 1850-1990*, Amsterdam : Amsterdam University Press.
Qvarsell, Roger, 1991, *Vårdens idéhistoria*, Stockholm : Carlssons Bokförlag.
Rawls, [1971]1973, *A Theory of Justice*, London : Oxford University Press.（=1979，矢島鈞次監訳『正義論』紀伊國屋書店.）
Rehnberg, Mats, 1965, *Ljusen på gravarna och andra ljusseder : nya traditioner under 1900-talet*, Stockholm : Nordiska museets handlingar, 61.
Reimerson, Charlotte, 1995, *Den sista tjänsten : om död och begravning*, Stockholm : Brevskolan.
Rogers, John, 1993, "Nordic Family History : Themes and Issues, Old and New," *Journal of Family History*, 18 (4).
Rothstein, Bo, 1994, *Vad bör staten göra? Om välfärdsstatens moraliska och politiska logik*, Stockholm : SNS Förlag.
———, 1998, *Just Institutions Matter : The Moral and Political Logic of the Universal Welfare State* (*Theories of Institu-*

tional Design), Cambridge : Cambridge University Press
鯖田豊之，1990，『火葬の文化』新潮社.
Sainsbury, Diane ed.,1994, *Gendering welfare states*, London : Sage.
斉藤弥生・山井和則，1994，『スウェーデン発　高齢社会と地方分権』ミネルヴァ書房.
作田啓一，1960，「戦犯受刑者の死生観」『ソシオロジ』24.（再録：1972，『価値の社会学』岩波書店.）
――――，1964，「死との和解――戦犯刑歿者の遺文に現われた日本人の責任の論理」『展望』12 月号.（再録：1967，『恥の文化再考』筑摩書房.）
――――，1983，『人類の知的遺産 57 デュルケーム』講談社.
――――，1995，『三次元の人間――生成の思想を語る』行路社.
Samuelsson, Kurt, 1973, "Värderingar i svensk välfärdspolitik," Koblik, S. red, *Från fattigdom till överflöd*, Stockholm : Wahlström & Widstrand. ＝1975, trans. by Joanne Johnson, *Sweden's development from Poverty to Affluence*, Minneapolis : University of Minnesota Press.
Sandel, Michael J., [1982]1998, *Liberalism and the Limits of Justice*, 2nd ed., Cambridge : Cambridge University Press.（＝1999，菊池理夫訳『自由主義と正義の限界〈第 2 版〉』三嶺書房.）
佐藤睦朗，2000，「19 世紀東中部スウェーデンの地主大農場における農民・トルパレ世帯」『北欧史研究』13：27-37.
関沢まゆみ，2002，「葬送儀礼の変容――その意味するもの」国立歴史民俗博物館編『葬儀と墓の現在――民俗の変容』吉川弘文館.
滋賀秀三，1998，「家族法【中国の家族法】」『CD-ROM《世界大百科事典　第 2 版》』日立デジタル平凡社.
島田裕巳，1992，『神サマのつごう』法蔵館.
島村恭則，2000，「あの世と生まれ変わり」倉石あつ子・小松和彦・宮田登編『人生儀礼事典』小学館.
塩野谷祐一，1984，『価値理念の構造』東洋経済新報社.

―――, 2002,『経済と倫理――福祉国家の哲学』東京大学出版会.
Smith, R. J., 1974, *Ancestor Worship in Contemporary Japan*, California : Stanford University Press.（=[1981-3]1996, 前山隆訳『現代日本の祖先崇拝』御茶の水書房.）
副田義也, 2001,「死者とのつながり」副田義也編『死の社会学』岩波書店.
Statistiska centralbyrån, 1990, *På tal om kvinnor och man.*
―――, 1993, *På tal om kvinnor och man.*
巣鴨遺書編纂会, [1953]1984,『復刻　世紀の遺書』講談社.
鈴木満男, 1979,「盆に来る霊」竹田聴洲編『葬送墓制研究集成　第三巻　先祖供養』名著出版.
Szebehely, Marta, 1995, *Vardagens organisering. Om vårdbiträden och gamla i hemtjänsten*, Lund : Arkiv förlag.
高村竜平, 1997,「墓参のなかの想起と贈与――ある村落の墓制と家の表象」『ソシオロジ』42 (2) : 25-42.
高取正男・橋本峰雄, 1968,『宗教以前』日本放送出版協会.
武川正吾, 1999,『社会政策のなかの現代』東京大学出版会.
田中真砂子, 1993,「共同体・家・個人―三重県菅島の二つの墓をめぐって」藤井正雄・義江彰夫・孝本貢編『家族と墓』早稲田大学出版部.
多々良紀夫編著, 2001,『高齢者虐待――日本の現状と課題』中央法規出版.
立岩真也, 1994,「夫は妻の家事労働にいくら払うか――家族/市場/国家の境界を考察するための準備」『人文研究』(千葉大学文学部紀要) 23.
―――, 1995,「私が決め, 社会が支える, のを当事者が支える――介助システム論」安積純子ほか『生の技法――家と施設を出て暮らす障害者の社会学――増補・改訂版』藤原書店.
―――, 1997,『私的所有論』勁草書房.
Taylor, Charles, K. Anthony Appiah, Jürgen Habermas, Steven C. Rockefeller, Michael Walzer and Susan Wolf, 1994, *Multiculturalism : Examining the Politics of Recognition*,

Princeton: Princeton University Press.（=1996，佐々木毅ほか訳『マルチカルチュラリズム』岩波書店.）
Therborn, Göran, 1987, “Welfare State and Capitalist Markets,” *Acta Sociologica*, 30 (3/4).
Tilton, Tim, 1990, *The Political Theory of Swedish Social Democracy : Through the Welfare State to Socialism*, Oxford: Claredon Press.
Titmuss, Richard Morris, 1976, *Essays on ‘the Welfare State’*, London: Allen & Unwin.（=1967，谷昌恒訳，『福祉国家の理想と現実』東京大学出版会.）
Todd, Emmanuel, 1990, *L’invention de l’Europe*, Paris: Editions du Seuil.（=1992，石崎晴己訳 『新ヨーロッパ大全』 I～II，藤原書店.）
戸塚ひろみ，2000，「「記憶」のなかの「前世」－再生譚再考－」『世間話研究』10：33-70.
外山義，1990，『クリッパンの老人たち――スウェーデンの高齢者ケア』ドメス出版.
坪井洋文，［1984］1995，「ムラ社会と通過儀礼」『日本民俗文化体大系 8 村と村人＝共同体の生活と儀礼＝』小学館.
鶴見和子，1968，「極東国際軍事裁判――旧日本軍人の非転向と転向」『思想』6 月号.（再録：1998，「死者の声――旧日本軍人の非転向と転向」『コレクション鶴見和子曼荼羅〈3〉知の巻 社会変動と個人』藤原書店.）
対馬路人，［1990］1994，「世界観と救済観」『〔縮刷版〕新宗教事典 本文篇』弘文堂.
―――，［1985］1994，「魂の輪廻――現世への永遠回帰」小野泰博ほか編『日本宗教事典・縮刷版』弘文堂.
対馬路人・西山茂・島薗進・白水寛子，1979，「新宗教における生命主義的救済観」『思想』665：92-115.（再録：宮家準・孝本貢・西山茂編，1986，『リーディングス日本の社会学 19 宗教』東京大学出版会，68-79.）
植田重雄，1999，『ヨーロッパの祭りと伝承』講談社学術文庫.

上野千鶴子，1985，『資本制と家事労働――マルクス主義フェミニズムの問題構制』海鳴社．

――――，1990，『家父長制と資本制』岩波書店．

埋橋孝文，1997，『現代福祉国家の国際比較』日本評論社．

若尾祐司，1998，「家【ヨーロッパ】」『CD-ROM《世界大百科事典第2版》』日立デジタル平凡社．

Weber, Max, [1916-20]1996, *Die Wirtschaftsethik der Weltreligionen : Hinduismus und Buddhismus : 1916-1920*, Tübingen : J. C. B. Mohr (Paul Siebeck).（＝2002，深沢宏訳『ヒンドゥー教と仏教』東洋経済新報社．）

――――, 1920-1, *Gesammelte Aufsätze zur Religionssoziologie*, Tubingen : J.C.B. Mohr.（＝1972，大塚久雄・生松敬三訳『宗教社会学論選』みすず書房．）

――――, [1921-2]1972, *Wirtschaft und Gesellschaft*, 5 Aufl., Studienausgabe, Tübingen : J. C. B. Mohr (Paul Siebeck).

《部分訳》

清水幾太郎訳，1972，『社会学の根本概念』岩波文庫．

浜島朗訳，1971，「社会学の基礎概念」『社会学論集』青木書店．

世良晃志郎訳，1970，『支配の諸類型』創文社．

世良晃志郎訳，1974，『法社会学』創文社．

世良晃志郎訳，1960，『支配の社会学Ⅰ』創文社．

世良晃志郎訳，1962，『支配の社会学Ⅱ』創文社．

世良晃志郎訳，1964，『都市の類型学』創文社．

Wennström, Elsy, 1984, "Folkhemmets födelse," R. Ambjörnsson & D. Gaunt, *Den dolda historien : 27 uppsatser om vårt okända förflutna*, Stockholm : Författarförl, Malmö Skogsgraf.

山口節郎，1985，「労働社会の危機と新しい社会運動」『思想』737：15-36．

――――，1989，「ハーバーマス以後の社会理論――オッフェの後期資本主義国家論」徳永恂編『フランクフルト学派再考』弘文堂．

———, 1994,「福祉国家のトリレンマ――システム論の応用的見地から」『岩波講座・社会科学の方法 X 社会システムと自己組織性』岩波書店.
山森亮, 2002,「市場・脱商品化・基本所得」小笠原浩一・武川正吾編『福祉国家の変貌』東信堂.
山崎亮, 2001,『デュルケーム宗教学思想の研究』未來社.
柳田国男, [1917]1969,「幽霊思想の変遷」『定本柳田国男集　第十五巻』筑摩書房.
———, [1946]1969,「先祖の話」『定本柳田国男集　第十巻』筑摩書房.
矢野敬一, 2000,「記憶と祖先観念」『日本民俗学』223：1-32.
善積京子, 1998 a,「スウェーデン社会から学ぶ葬送」吉田正ほか編『「学び」の人間学』晃洋書房.
———, 1998 b,『スウェーデンの葬送と高齢者福祉――変わる家族の絆』ウイメンズブックストア松香堂（ビデオサブテキスト）.
Zaremba, M., 1987, “Byalagets diskreta charm, eller Folkhemmets demokratiuppfattning,” Agnes Heller et al., *Du sköna gamla värld――Den europeiska traditionens framtid*, Stockholm : FRN-Framtidsstudier.
Zitomersky, J., 1987, “Ecology, class and culture? Explaining family residence and support of the elderly in the Swedish agrarian past,” *Scandinavian Journal of History*, 12(2) : 117-60.
Åkesson, Lynn, 1997, *Mellan levande och döda : föreställningar om kropp och ritual*, Stockholm : Natur och kultur.

著者紹介

1965年　広島県に生まれる
1988年　東京大学法学部卒業
1996-97年　スウェーデン・ウプサラ大学社会学部客員研究員
2000年　大阪大学大学院人間科学研究科（後期課程）社会学専攻修了。博士（人間科学）
現　在　中京大学社会学部助教授
主論文　「老人福祉を成り立たせる論理――〈家〉・効率性・人格崇拝――」（大阪大学大学院人間科学研究科『人間科学研究』、2000年）
　　　　「共同墓の比較研究にむかって――境界突破・人格崇拝・福祉国家という視点から――」（『中京大学社会学部紀要』第16巻1号、2002年）

なぜ老人を介護するのか
スウェーデンと日本の家と死生観

2004年 2月25日　第1版第1刷発行
2006年 1月25日　第1版第3刷発行

著者　大《おお》岡《おか》頼《より》光《みつ》

発行者　井村寿人

発行所　株式会社　勁《けい》草《そう》書房

112-0005 東京都文京区水道2-1-1　振替 00150-2-175253
（編集）電話 03-3815-5277／FAX 03-3814-6968
（営業）電話 03-3814-6861／FAX 03-3814-6854
壮光舎印刷・青木製本

ISBN 4-326-65290-X　Printed in Japan

浅野智彦	自己への物語論的接近	家族療法から社会学へ	四六判	二九四〇円
岩村暢子	変わる家族　変わる食卓	真実に破壊されるマーケティング常識	四六判	一八九〇円
池本美香	失われる子育ての時間	少子化社会脱出への道	四六判	二三一〇円
山田昌弘	家族というリスク		四六判	二五二〇円
江原由美子編	フェミニズムとリベラリズム	フェミニズムの主張5	四六判	二八三五円
上野千鶴子編	構築主義とは何か		四六判	二九四〇円
奥村　隆	エリアス・暴力への問い		四六判	三九九〇円
金野美奈子	OLの創造	意味世界としてのジェンダー	四六判	二五二〇円
吉澤夏子	女であることの希望	ラディカル・フェミニズムの向こう側	四六判	二三一〇円
木村涼子	学校文化とジェンダー		四六判	二八三五円

＊表示価格は二〇〇六年一月現在。消費税は含まれております。